极简
时间管理

4倍效率实操方法，轻松实现"开挂"人生

毕嵘 著

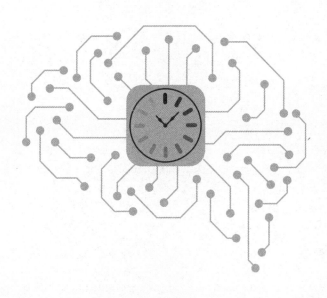

电子工业出版社·
Publishing House of Electronics Industry
北京·BEIJING

图书在版编目（CIP）数据

极简时间管理：4倍效率实操方法，轻松实现"开挂"人生 / 毕嵘著 . —北京：电子工业
出版社，2023.6

ISBN 978-7-121-45638-1

Ⅰ. ①极… Ⅱ. ①毕… Ⅲ. ①时间—管理 Ⅳ. ① C935

中国国家版本馆 CIP 数据核字（2023）第 089869 号

责任编辑：李楚妍
印　　刷：中煤（北京）印务有限公司
装　　订：中煤（北京）印务有限公司
出版发行：电子工业出版社
　　　　　北京市海淀区万寿路 173 信箱　邮编：100036
开　　本：720×1000　1/16　印张：17.5　字数：271 千字
版　　次：2023 年 6 月第 1 版
印　　次：2023 年 8 月第 2 次印刷
定　　价：78.00 元

凡所购买电子工业出版社图书有缺损问题，请向购买书店调换。若书店售缺，请与本
社发行部联系，联系及邮购电话：（010）88254888，88258888。

质量投诉请发邮件至 zlts@phei.com.cn，盗版侵权举报请发邮件至 dbqq@phei.com.cn。

本书咨询联系方式：（010）88254210，influence@phei.com.cn，微信号：yingxianglibook。

裁员 2/3，拒绝加班，公司反而扭亏为盈，成功上市？

多年前，我曾在一家美资公司任中层经理。这家公司一开始和很多公司一样，老板喜欢员工加班，并认为是尽责的表现。当时，我们每个人几乎天天加班到晚上9点，虽称不上"996"，但也达到了"995"。

遗憾的是：我们这么努力地做了好几年，公司一直处于亏损状态。终于，在换了两任CEO后，公司的投资人发现之前投入的4300万美元只剩500万美元了，按照当时的烧钱速度，半年后公司就该倒闭了。于是，投资人将公司死马当活马医，请来一位欧资企业的高管担任CEO。

"新官上任三把火"，这位CEO的第一把火是调整业务方向，这把火的效果有待观察。第二把火就是裁员，为公司生存赢得更多空间。于是，2/3朝夕相处的同事一天之内离我们而去。作为中层经理，我甚至还要决定谁去谁留，情感上很受伤。但为了公司的未来，我们能理解这样的变化，也都做好了"996"甚至"007"的打算。

但第三把火我们就看不懂了，CEO宣布公司不鼓励加班，希望员工尽量在8小时内解决所有问题。加班需要层层审批，而且驳回率很高。

虽然留下来的1/3员工是企业内部最精干的，但公司也不是什么财大气粗的企业，招人的薪酬水平也就是市场平均水平，所以员工相比较而言都是一群普通人。1/3的人从"995"过渡到"965"，按每天扣除午餐、晚餐1.25小时（当时规定午餐时间45分钟，晚餐时间30分钟）计算，原来3个人每周（12-1.25）×5×3=161.25小时的工作量，现在需要1个人在8×5=40小时内完成，也就是人均效率要提高到4倍。能做得到吗？

事实上，我们真的做到了，而且该干的活儿都高质量完成，公司扭亏为盈，走上了良性发展的道路。几年后，公司还在美国上市了。

这是一个双赢的结果：公司减少了2/3的薪水支出和1.5倍的加班费支出，员工可以省出更多的时间回归个人生活，还可以不断学习充电，有更多的时间健身、结交人脉、投资理财、休闲娱乐，实现事业和家庭的完美平衡，幸福指数很高。公司上市后，核心骨干都得到一笔不菲的财富，其中一部分人甚至直接实现了财富自由。

这个奇迹是怎么发生的？

答案就是时间管理。

我们通常以为的时间管理达人，都是一些需要仰视的超级成功人士，比如曾经的世界首富、微软创始人比尔·盖茨。据说比尔·盖茨喝果珍不倒水，都是直接吞下果珍粉，因为他认为肚子里有水；而特斯拉的创始人伊隆·马斯克更是有过之而无不及，吃午餐只花5分钟，一心二用甚至三用，在开会时用手机打理生意，抱孩子坐在腿上玩耍时还会抽空回封邮件……

你是否认为你根本无法做到，或者你也并不想做到，如果连喝果珍、吃午餐都要这么赶时间，人生就失去了应有的乐趣。

实际上，普通人一样可以成为时间管理达人。我们不必去追求那么高的成就，我们的目标是维持事业和家庭的平衡，体验幸福的生活。

当然，每个人对于幸福的定义是不同的，有些亿万富翁觉得生活痛苦，有些乡村教师觉得人生幸福。我们对相对可以度量的财务成就进行分类，将财务成就大致分为财务断奶、财务安全、财务自由、财务舒适和财务富裕。

第一阶段，财务断奶。

所谓的财务断奶，就是指不依靠包括父母在内的其他人，通过打工等方式自己养活自己。可一旦发生一些大事，比如想租心仪的房子需要缴纳半年或一年的押金；或者突然被老板炒鱿鱼，没有了收入。这时你很可能还是需要依赖家人的资助，才能渡过难关。

刚踏入社会的年轻人多半处于这一阶段。

第二阶段，财务安全。

当你的银行账户余额足够应付一整年甚至两三年的生活开销时，基本上你已到达财务安全阶段。

所谓的财务安全，是指即使某天你突然没了收入，但你还有一笔钱可以支撑一段日子。

如果一笔大的开销，比如买房、买车、结婚、生子等，就会让你轻而易举花光那点可怜的积蓄，并背上一屁股的债。负债会减少你每个月的积蓄，让你极可能永远都停留在这个阶段。

社会上大部分人就卡在这里。

第三阶段，财务自由。

财务自由的意思是每个月的被动收入大于每个月的基本开销。

简单来说，就是你不用上班，也会有连绵不断的收入进账，维持你的基本开支。这样你就可以选择做自己喜欢的事。

第四阶段，财务舒适。

财务舒适也可以说是财务自由的高级阶段，就是靠被动收入来解决我们的理想开销，实现理想生活。比如住大房子，每个月就能出国旅游一次，孩子进入名校深造，等等。

第五阶段，财务富裕。

按照国际惯例和标准，当一个人的身价超过1000万美金时，我们就可以把他称为富裕的人。一般只有企业家能做到这个阶段。

当一个人拥有这么多财富的时候，虽然可以过上非常富足的生活，但是也将会为自己带来许多社会责任。可能既需要养活公司成百上千名员工，还需要为公司股东的利益负责，更需要对自己公司的产品、口碑负完全责任等。

这时，你的言行举止都会被无限放大。稍微做得不好，就会被社会口诛笔伐，遭受亲朋好友、股东和员工的非议。

即使不进行时间管理，估计绝大多数人也能实现前两个阶段，但进行时间管理，你就有更多的可能实现财务自由、财务舒适。这时候，你的幸福程度很可能比财务富裕的企业家们还要高得多呢。

这本书就是帮你轻松做好时间管理，让你有更大的可能突破财务安全的瓶颈，或者帮助你过上理想生活。

与其他时间管理书籍不同的是：本书不仅教你时间管理的原理，而且给出了一种极简的时间管理方案——用智能技术帮助你快速地学会时间管理，并且让你快乐地使用下去。

大部分时间管理的方法在理论上是对的，但掌握其方法本身需要花费较多的时间，而且需要高度的意志力和自律，普通人很难做到或很难坚持。

好比我们要去一个42千米外的地方，约等于1个马拉松的距离。如果你是走路过去，按一般人5千米/小时的速度，要走8个多小时，中间还要吃饭、休息，差不多得一天时间。如果你是跑步，时速12千米，那要跑3~4小时，即便是世界冠军也得跑2个多小时。但如果你学会开车，你可能只需要半小时就能到达。

在中国14亿人口中，全国能跑完马拉松的人数不到100万，仅为总人口的0.07%，而会开车的则有4.2亿，占总人口的35%。

如果将人生旅途比作一场马拉松，我们只有2.5小时的时间向着一个叫"财务自由"的目标前进。如果不进行时间管理，就像走路，费时费力难以实现，绝大部分人走到一半就放弃了；如果进行普通的时间管理，就像跑步，只有一部分顶级选手才可能跑到，不但非常累，还需要有超强的意志力；但如果用极简时间管理方案进行时间管理，你可能哼着歌、与朋友聊着天，花1/4～1/2的时间就能做到，剩下时间可以用来过自己喜欢的生活。

这本书就是要教会你开"极简时间管理"这辆车。如果你学过开车，请放心，这肯定比你学开车要轻松得多。学开车需要通过所有考试才能上路，但学习极简时间管理，可以边学边用，把效率提升20%～50%，学得多就能提升更多。

本书每个章节指向明确的问题，你可以根据自己的情况选择自己最希望解决的问题跳着看，第一章是一学就会的时间管理技巧：番茄工作法帮你将做一件事的效率提高50%～100%；记录日志不但能帮助你每天反思，还能提高25%的效率；智能排程法能帮助你快速排列科学、高效的计划。

第二章是让高效率持续在线的3个要点，帮助你达到高效率的工作状态。打卡帮助你在缺乏自律的情况下，坚持良好的习惯；情绪管理帮助你更多的停留在正面情绪上，显著提高效率；精力管理帮你善用精力、恢复精力、提高精力，从而长期保持高效。

第三章，帮你在高效率的前提下，得出好结果。其中，找到3种人，帮你快速提升能力；携带物清单运用不仅帮你节省时间，更帮你树立守信用的形象；心流状态能让你的做事质量大大提高。

第四章，让你学会用智能工具轻松安排一周以上的计划，包括怎样平衡任务的重要性和紧急性，怎样应对"红点焦虑症"，怎样合理地设置重复事项来贯彻长期主义。

第五章帮助你树立目标，作为时间管理的目的和动力，帮助你学会设定更有意义、更易执行的8大维度（事业、学习、理财、人脉、健康、家庭、娱乐、心灵）目标。

第六章从整个时空角度帮你把握随时随地的幸福。其中，空间管理既能帮助你节省时间，又能让你避免受到干扰，从而带来高效率；时间复用容器、时间拆分法、碎片时间法帮助你挤出更多时间；假期安排帮助你舒心地度过完美的假期，不耽误事业发展。

　　第七章是运用前六章的知识和方法来解决拖延顽疾，帮助你认识拖延症的14种原因和5种内在认知或能力缺陷，从3个层次上战胜拖延：先用短、平、快的方法解决当下因拖延症耽误的要事；接下来用循序渐进的方法针对14种拖延原因对症下药；最后，对于无法完全杜绝的拖延，用"圈养"方法让它不对成功造成阻碍。

　　第八章是面向未来的时间管理，帮助你在AI时代善用AI，大幅延展你的生命宽度，并用25年或更长的时间来做一件大事，活出更精彩的人生。

　　本书除了理论，还穿插了49个时间管理锦囊，可以单独使用。另外，每节布置了一个练习，帮助你学以致用，真正将时间管理方法落到实处。学一点，会一点；用一点，提高一点。

　　本书可以作为极简时间管理训练营的教材，帮助你真正轻松地学会时间管理，取得令人惊喜的效果。

|目录|
Contents

1
ONE

一学就会，一用就灵的时间管理技巧

2
TWO

只需三点，让高效率持续在线

1

ONE

一学就会，一用就灵的
时间管理技巧

1.1

记录日志，提高效能

1.1.1 给自己做个"时间管理体检"

我曾经的一个下属小曼，总是有拖延的问题，交代她的事，不是到交付期还没做完，就是彻底给忘了，这让我十分头疼。

可当她娇滴滴地对我说："老板，你今天给我安排了10件事，我实在做不完啊！"我又会心软，同意她延期交付，心想也许她确实是工作太饱和。

直到有一次，当她故伎重施的时候，我较真了，一件件统计分配给她的待办事项所需要的耗时，这才发现全部加起来也只需要用时5个小时。

"理论上是这样的，但实际上确实做不到呀，因为总有点其他事。比如工会有些事我要处理，您有时候也会临时让我处理一些情况……"她辩解道。

于是，我想了个方法，让坐在她隔壁桌的同事，在不被小曼察觉的情况下记录她一天的工作状况，原则是：事无巨细，全部记录下来。

下班时，我得到了这样一张表格（见表1.1.1）：

表 1.1.1　第三方观察的小曼上班日志

开始时刻	事项	耗时
09:00	到公司，泡茶、聊会儿天	15分钟
09:16	处理邮件	17分钟
09:34	同事过来请教报销问题	8分钟
09:43	自己处理报销事宜	19分钟
10:03	约下周开会	27分钟
10:31	上厕所＆倒水	8分钟
10:40	修改PPT	12分钟
10:53	信用卡逾期处理	18分钟
11:12	吃零食＆和同事聊天	15分钟
11:28	修改PPT	16分钟
11:45	接微信语音通话	7分钟
11:53	看微信	7分钟
12:00	吃午饭＆午休	90分钟
13:31	泡咖啡	4分钟
13:36	处理邮件	19分钟
13:56	修改PPT	23分钟
14:20	处理工会事务	15分钟
14:36	修改PPT	26分钟
15:03	下楼拿快递	19分钟
15:23	办公费用统计	28分钟
15:52	写月度报告	18分钟
16:11	处理邮件	47分钟
16:59	收集内部培训需求	31分钟
17:31	向集团了解最新报销规范要点	22分钟
17:54	审核报销单	6分钟
18:00	下班	—

通过观察日志可以看到："修改PPT"这件她自己也认为半小时就能完成的事，断断续续地做了77分钟，最后我交代她做的10件事只完成了6件，总共耗时3小时40分钟，各种杂事花了1小时52分钟，日常事务花了1小时43分钟，工会事务花了15分钟。

杂事哪怕少用一半的时间，我交代的10件事应该也能完成了。

看到这个表，小曼大吃一惊：我做杂事居然花了近2个小时？但我觉得最多花了半小时啊。

1.1.2　为什么我感知到的1小时和实际的1小时有这么大差别？

为什么我们感知到的时间，和实际的时间会有这么大差别？

人的感知往往和现实不同，会受到情绪和环境的干扰。如图1.1.1中的线，实际每根线都是平行的，但看起来就歪歪扭扭。

图1.1.1

图1.1.2中左右两个图案中间的两个圆其实一样大，但一眼看上去是右边的大一点：

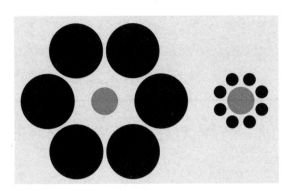

图1.1.2

对于时间感知，有一个经典的心理学实验，就是测试人的时间知觉是否准确。

这个实验是这样做的。

测试听觉对时间的感知。先让你听一段声音，比如持续35秒，然后让你去摁下一个按钮，当你觉得你刚才听到的声音的时间长度到了，就松开按钮，这样你摁下和松开按钮的时间间隔就是你判断的这段声音的时长，然后科学家把声音的实际时间长度和你判断的长度去比较。

同理，测试视觉对时间的感知。先给你展示一个图像，然后让图像消失，让你摁下和松开按钮，比较你判断的图像呈现时间和实际图像呈现时间的差别。

科学家发现对于时间的感知，听觉最灵敏，触觉居中，视觉相对最迟钝。所以我们会浏览网页、短视频很久而不自知。

另外，如果你做的某件事让你感觉快乐，那么你感知到的时间比真正的要少，反之则多。比如，对于普通人，做平板支撑快到极限时的每秒钟，简直度秒如年，可我们刷抖音，常常以为只刷了半小时，却在不知不觉中刷了好几个小时。

最后，人的精力状态也会影响人感知的准确性。

有一个心理学实验，让学生组队，拿一根针或两根针扎对方，不让对方看见，让对方感知有几根针。后来发现，当被扎者饿着肚子时，感知错误的比例大大增加。

我们有时在晚上做事时，感觉只过了十几分钟，但实际上过了1个小时，就是这个原因。

总之，人不是精密仪器，对时间的感知会受到自身感官系统、精力状态和外部环境的干扰，从而产生偏差。对时间的错误感知，就是导致时间大量被浪费，产生时间黑洞的原因。

知道了原因，怎么改变呢？

其实也很简单，既然人脑靠不住，那就靠纸笔或电子手段来记录。

具体的记录方法是：

在第一件事开始时，记录下当前时刻，然后每次切换动作时，哪怕只是简单应对一下，也要记录，比如电话铃响。因为可能你以为2分钟就能搞定的电话，最终打了十几分钟。

第二天，我让小曼自己记录自己做的每件事。

下班时，小曼提交了一张列表，略带自豪地对我说："我今天把你交代的事全部做完了，加上昨天落下的事，整整有12件呢。"

"噢，你是怎么做到的呢？"

小曼指着表格说："每当我被打断，想做别的事时，一想到又要在表格上记一笔，就觉得麻烦，有些事就干脆不做了，有些事就暂时记下，等手头的活儿告一段落再去做。比如下楼取快递，我就让快递员放在楼下的快递架上，我吃午饭本来也要下楼，就顺便去取。所以，今天我的工作很少被打断，效率提高了不止一点点。"

科学家实验证明，做一件需要专注的事被打断后重新进入状态，平均要用15分钟的时间。假如一天需要专注的工作时长是4个小时，我们保守估算，做这些工作每小时被打断1次，一天被打断4次，那么就相当于多花了1小时时间重新进入状态。反过来，我们节省了这1小时，效率不就提高了25%？这是不是有点像量子力学的测不准原理？测量某东西的行为将会不可避免地干扰那个事物，从而改变它的状态。

我之前让小曼的同事在不被她察觉的情况下记录日志，也就相对准确地记录下了工作的实际用时。

当然这种方法有个小问题，刚开始时很可能会忘记记录，如果过了几小时再回忆，数值往往不精确。

解决的方法也很简单：在刚开始记录日志时，设置每半小时响一下的闹钟。这样，即便错过了记录时间，人的短期记忆也能保证回忆出来的时间八九不离十。

如果想让日志记录法发挥更大的效用，我们还可以对记下的日志进行反思，看透自己时间管理的现状，然后再做相应调整。

有一个人就靠记录日志，每天工作6～8小时，成了高产的跨领域科学家，这个人叫亚历山大·亚历山德罗维奇·柳比歇夫（1890年4月5日—1972年8月31日），是苏联的昆虫学家、哲学家、数学家。他一生发布了70余部学术著作，涵盖分散分析、生物分类学、昆虫学等多个领域。除此之外，业余时间他还研究地蚤的分类，写过不少科学回忆录。各种各样的论文和专著，他一共写了500多印张，相当于12 500张打字稿。即使对于专业作家而言，这也是个庞大的数字。

柳比歇夫时间管理法就是记录时间、分析时间、消除时间浪费、重新安排自己的时间。这个习惯他坚持了56年（从26岁到终年82岁），助力他成为卓越、高产的科学家。

当然，技术的进步让我们能用更简单的方法记录日志，比如，你可以用珍时App来记录智能日志：你不需要去算自己在某件事上花了多长时间，只需要记录下开始的时刻，每做完一件事就记录一下结束时刻，这样系统就可以通过自动计算，记录一件事情的耗时。

图1.1.3　珍时App的计时页面　　　图1.1.4　珍时App中对可复用事项的提醒

运用系统计时（如图1.1.3）的另一个好处是可以充分利用系统的智能特性：如果系统识别出你当下做的事可以进行时间复用（见图1.1.4），比如坐地铁、跑步、健身，那么系统会提醒你可以做一些同时可做的事，比如看书、听书等。

不是谁都像柳比歇夫那样愿意多年坚持记录日志。不同的人有不同的时间管理风格，也就有不同的记录日志的方法，请参见下一小节。

1.1.3　针对不同时间管理类型的人的小技巧

计划型的人喜欢订计划，一天没有计划就觉得浑身不自在，稍微空一下就不知道干什么好；计划型的人记录日志，尽量和计划中的事项一一对应，除非有新的事项插入。因为这样做，系统就可以将计划耗时与实际耗时进行对比，并给出改进的提示（见图1.1.5）。

图 1.1.5　珍时 App 中计划与实际对比页面

比如，你前面一个月每天写新媒体文章平均花了1小时，最近一周平均每天花了1.5小时，系统会提示你最近速度变慢（见图1.1.6），是否需要番茄钟等专注工具的帮助。如果你最近一周平均每天花了40分钟，那么系统会提醒你效率提高了，可以把以后的计划耗时改为40分钟。

另外，你也可以发现每天有哪些事情是没有在计划内的，如果是必须做的，那么以后需要调整计划。如果是可以不做的，那么提醒自己以后要尽量按照计划

图 1.1.6　珍时 App 中计划耗时与实际耗时对比明细页面

做，不要受意外事项的干扰。以至于怎样避免意外事项打扰，在后面章节有详细阐述。

一段时间后，当你发现你的实际耗时和计划耗时基本一致，或者误差在20%以内，也没有太多的计划外事项，你也可以暂停记录一段时间，等到以后发现计划与实际相差太大时再开始。

目标型的人只要设定一个目标，即便不制订计划，也会为了这个目标挤出一切时间来完成它。订完目标后，建议在目标执行期内记录日志。

这样的话你就可以清晰地统计出达成这个目标总共花了多少时间。这对于以后制订目标更有指导性（见图1.1.7）。

图1.1.7　珍时App中目标耗时页面

行动型的人很可能也不爱制订计划，最好有个工具能帮助他专注于当下，我们下一节说的番茄工作法就很适合他们。

相对应的，行动型的人，可以尝试在专注工作期间记录日志。

反思型的人可能没有目标、计划，也不喜欢受番茄钟的束缚，但喜欢反思，这类人很适合用日志记录—反思法提高时间管理效率。

因此，反思型的人，最适合一直使用日志，并每天进行反思，不断进步。

特别是艺术家、科学家，他们的创意不是计划出来的，但如果完全随性而为，生活可能趋于慵懒而缺乏成就。所以，每天记录日志，发现自己做了什么，花了多长时间，思考以后怎样改进，日复一日，你可能收获的成就比不记录日志的反思型的人多得多。

后面的章节中，我们将介绍各种实用的时间管理方案，但不是每种都适合你，你可以选择一些尝试一下，最终找到最合适你的方式。哪怕你只选择了其中一种，坚持下去，假以时日，你会发现，你已经超过了周围大部分人。

这个世界，成功的人终究是少数。恭喜你，已经在成功道路上迈出了第一步。

小结一下，我们针对4种时间管理类型的人，给出了4种记录日志的建议。

【锦囊1】计划型，尽量和计划中的事项一一对应。

【锦囊2】目标型，制订目标后，在目标执行期内记录日志。

【锦囊3】行动型，可以尝试在专注工作期间记录日志。

【锦囊4】反思型，最适合一直使用日志，并每天进行反思，不断进步。

本节练习：记录日志，看透你的时间管理现状

你可以用以下3种方法。

（1）用纸笔记下来，只需要记下每个动作开始和结束的时刻，直到你开始睡觉。你需要计算每个动作的耗时，然后你就能发现你的时间管理现状。

（2）用Excel记录，好处是可以用公式将每个动作的耗时算出来。

（3）用日志软件：推荐珍时App或a Timelogger。如果你是计划型的时间管理模式，建议采用珍时App（见图1.1.8），可以在记录后将你的计划和实际执行状况进行比较，你一定会有很多有趣的发现。

图1.1.8　珍时App中的计时页面

1.2

学会专注，提升的不只是效率

1.2.1 1个小时的工作，为什么4个小时才能做完？

你是否经常遇到这样的情况：打开电脑准备做个ppt，或是写个文案，根据你平时的速度，差不多1个小时就能完成，但经常断断续续做了4个小时才做完。

难道是业务能力下降了？好像也不是，因为面对Deadline可能你又如有神助，不到1个小时就把这事儿做完了。

难道有小偷把我的时间偷走了？

说对了，还真有小偷偷走了你的时间，而且还不止一个。

小偷1：意外打扰

国外有调查研究显示，员工的工作每11分钟就会被打断一次，他们每天有1/3的时间用来从干扰中恢复工作状态。

这些打扰可能是老板突然让你去他办公室一趟，可能是同事有事情请你帮忙，可能是快递打电话找你收货，还有可能是来自房产、保险、贷款的销售电话……

研究人员戴维·迈耶称："多耗费的时间视任务的难易程度而定，就简单任务而言，时间成本≤25%，而复杂任务的成本则高达100%甚至更多。"

对于一个复杂任务，比如写作、做项目计划，这个小偷可能就会偷走你100%的时间，也就是1个小时。许多人根本没有意识到他们为此付出了这么大的代价。

小偷2：精力不济

人的精力在各个时间段是不同的，一般早上最旺盛，如果你在下午才开始做复杂的工作，那么精力下降会导致你的效率下降。有研究表明，人在精力最旺盛时段的效率是精力最不足时段的4倍。

所以，这个小偷可能又偷走了你1个小时。

小偷3：意志力减弱

意志力是心理学中的一个概念，是指一个人自觉地确定目的，并根据目的来支配、调节自己的行动，克服各种困难，从而实现目的的品质。

我们毕竟是从动物进化而来的，所以我们每个人心里都有一只"即时行乐猴"，老想着去玩儿。要克服这种冲动，就需要有意志力。

但意志力不是随时都有的，它是一种需要较长时间来恢复韧性的精神肌肉。

随着一天中时间的推移，意志力会慢慢削弱，你可能会想刷刷感兴趣的新闻，和同事聊聊天，发会儿呆。如果在家，更可能会去床上躺一会儿，玩玩游戏，刷刷抖音。不知不觉，1个小时又被偷走了。

我们小结一下：做一件复杂的事情，本来耗时1个小时，结果被意外打扰偷去了1个小时，精力不足偷去了1个小时，意志力减弱又偷去了1个小时，最后总共花了4个小时才完成。

1.2.2 怎样运用3种场景做到效率最大化？

找到了原因，我们就不难给出解决方法。

（1）番茄工作法。

每专注25分钟就休息5分钟的神奇工作法。在25分钟内，只要不是火烧眉毛的事，就先记下来，待以后处理，或干脆找个不容易被别人打扰的地方工作，总之番茄钟工作法的核心就是专注工作，拒绝打扰。

番茄工作法是由一个叫弗朗西斯科·西里洛的意大利人创造的。在大学期间，西里洛经常苦于不能专注学习，甚至连10分钟也坚持不了，他就想：能不能找一个工具来帮助我，让我专注哪怕10分钟也好。于是他就去找工具，找来找去，在厨房找到了一个番茄定时器。

这个定时器是烧菜计时用的，比如说这个菜煮10分钟，那个汤炖30分钟，设定好番茄定时器，时间到了闹铃一响，就关火出锅。

西里洛尝试了多种组合，最后发现25+5的组合是最优的。

当然，不同的人会有不同的专注与休息时间比，比如孩子的专注时间随着年龄增加会不断提高：

5~6岁时，儿童注意力集中时间为10~15分钟；

7~10岁时，儿童注意力集中时间为15~20分钟；

10~12岁时，儿童注意力集中时间为25~30分钟；

12岁以上能超过30分钟。

甚至有些人觉得45+10是最优的，但一般注意力集中时间不要超过50分钟。

（2）在精力充沛的时段做有难度的事。

生理学家发现，一天中有4个时间段，人做事情时最为清醒。

清晨起床后，适合学习、记忆；

8:00—10:00；

18:00—20:00；

睡前1小时，适合学习。

当然，每个人的情况有所不同，可以通过实践，摸索出自己的高能、一般、垃圾时间段。

（3）在意志力较强的时候，做需要独立思考的难事。

人的意志力状态一直在变化，一般上午最强，下午较弱，晚上最弱。所以我们应当把做项目计划、写文案等需要独立思考的事项放在上午。

相对而言，我们可以把一些需要群体思考的事情放在下午，比如头脑风暴。即便个人意志力不强，但在群体环境中，你也不好意思开小差，对吧？

【锦囊5】对于一件具体的事，我们可以运用3个场景做到效率最大化。

当下立即要做的事，运用番茄工作法提高专注力；

对于可以在一天内安排的事，尽量将难事安排在精力充沛时段，将容易的事安排在垃圾时段；

对于可以在一天内安排的需要独立思考的事，尽量安排在意志力较强的时段。

1.2.3 番茄钟遇上智能技术，还能有怎样的惊喜？

传统的番茄钟因为原始功能是在厨房使用，而厨房本身噪声大，所以往往会发出响亮的闹铃声，但对专注的人，这种闹铃声可能会让人不舒服，在单位里用也可能打扰到旁人。

所以，建议你使用番茄钟App版，和智能技术配合起来，会给你一些惊喜。

珍时的番茄钟结合工作事项（见图1.2.1），操作方便的同时功能也十分齐全：

（1）根据计划自动进入番茄钟。

设置每天的工作事项，若事项超过30分钟，就会自动匹配25+5的番茄钟，如有需要可以调整时间，比如：40+10、45+10，也支持自定义。

（2）休息时给出瑜伽、冥想等选择。

在5分钟休息时间里，珍时匹配了办公室瑜伽和冥想这两种功能，助你活动身体，放松大脑，从而获得更高的工作效率。

（3）背景音乐。

珍时在专注时间匹配了多种音乐，可以自由选择。在固定的音乐环境中工作，便于形成专注状态。当然，如果听腻了某个音乐，也可以换一个音乐试试。

（4）2分钟原则。

若有临时事项插入，珍时的番茄钟可以选择暂停两分钟，便于用户及时处理或记录，不过一共只有两次暂停机会，以保证专注时间不被打扰的核心功能。

图1.2.1　珍时App中的番茄钟页面

未来，你的智能穿戴式设备可能能通过你的动作、心跳、脑电波分析出当下的专注程度，并播放适合专注时间的音乐，帮助你进入专注状态。

本节练习：享受番茄工作法，做一件你喜欢而且需要专注的事

例如，用番茄工作法继续阅读本书，可以用1~4个番茄钟，看看你的阅读速度是否会更快，理解是否会更透彻。

1.3

看完这一节，你再决定是否要做计划

1.3.1 计划赶不上变化，不如不做计划？

很多朋友在践行了一段时间管理的方法后，就放弃了，原因很简单：花了好多时间做计划，结果临时插入一件不得不做的事，比如老板临时安排了一件紧急事项、有个 VIP 客户的重大投诉必须立即处理、系统突然出现了紧急故障、家人生病急需送医等，计划就会被全部打乱。再重新做一次计划也是如此，刚执行几个任务又被打乱。既然计划赶不上变化，不如不做计划。

我们可能会发现，这种"意外"已经成为常态。

我们处于 VUCA 时代，就是变幻莫测的时代。

VUCA 是 volatility（易变性），uncertainty（不确定性），complexity（复杂性），ambiguity（模糊性）的缩写。

"易变性"是指事情变化非常快，"不确定性"是说我们不知道下一步会发生什么，"复杂性"意味着每件事会影响到另外一些事情，"模糊性"表示事件之间的关系不明确。

VUCA 一词起源于 20 世纪 90 年代的美国军方，指的是在冷战结束后出现的多边世界，其特征比以往任何时候都更加复杂及不确定。2008 年全球金融危机发生后，VUCA 时代的概念再度兴起。黑天鹅事件此起彼伏，让绝大多数专家的预言都成了笑柄。

只要你生活在现代社会，而不是遁入山林，VUCA 可能伴随你一生。所以，我们要学会与 VUCA 共处。

共处的方法是不做计划吗？

并非如此，我们一定要明白：做计划的目的是正确安排时间，把与目标密切相关的事项安排到合适的时间，从而确保目标达成。

如果没有计划，想到什么做什么，最有可能的就是：想起什么做什么，或者别人当下找你做什么就做什么，俗称"光拉车不看路"。等到闲下来时（或许永远没有空的时候）突然发现：自己虽然做了一堆杂事，但与目标似乎并没有靠近多少。

做了计划后，你至少能知道当下哪些重要的事还没做，即便不能按原计划完成所有的事项，但你还是能够抓紧时间做那些计划中相对更重要的事。当你在面对各种打扰时，也会在经过考虑后做出是否接受的判断，而不是下意识地全盘接受，毕竟大多数人是不善于拒绝的。

我曾经待过一家互联网企业，那家企业每天都有做不完的事，每天都有各个不同部门的人催我做他们认为最重要最紧急的事情，所以我原来做的计划也一次次被打断。

于是我也产生了这样的想法：在这样一个高速运转、人盯人的企业中其实没有必要做计划，因为即便你忘记某些事情，也总会有人盯着你，让你尽快完成。但后来一件事情的发生，让我知道我错了。

那时我觉得我的网络管理员不太得力，一些略有难度的问题解决得很慢，还总会留下后遗症。于是我申请了一个高级网管的职位空缺，因为公司在快速发展，上级也同意了，接下来就该我落实面试的时间。

这期间，永远有很多重要而紧急的事件插入，哪件事情的重要性看起来都不亚于招聘这件事，且比这个更紧急，于是面试就一直被拖着。我心里也觉得过得去，毕竟那些事情确实看起来更紧急，现在的网管也不是完全不做事，只是效率低一点而已。

等到我终于觉得所有紧急的事情都忙完了，通知人力资源部门我可以面试的时候，公司发出了一个通知：为了控制成本，所有人事招聘冻结。这个决定半年后才解封。于是在这半年中，我不得不花费大量的时间，去应对那个能力一般的网管造成的各种纰漏。

复盘一下，假如那时候我把招聘这件事情放在计划中，那么在每天复盘的时候，我都会看到它没有完成。一方面，这件事会引起我的注意；另一方面，不停把一件事情往后延期也是一件令人烦恼的事情，我很可能会硬挤出时间把这件事情完成。

再深入回顾一下，如果当时我优先排了招聘这件事，那么其他那么多我认为紧急的事情自然会往后排，或者我实在没有时间去处理时，肯定会将其委托给其他能做的人完成，这样其实也不会出现什么大问题。

所以，即便在一个瞬息万变的场景中，做计划也是非常有必要的，它可以成为我们行动的决策依据。

我们在生活、工作中总是会遇到太多突发事件要去及时应对，如果你有明确的计划，那么面对突发事件时很容易做出正确的决策；可如果你没有计划，那么你很容易做出错误的决策，从而耽误了时间去做那些必须要做的事情。

此刻正在写书的我也面对这样的情况。我计划每天至少花一小时写书，如果没有这个计划，我不一定能记得这件事。一旦出现别的干扰事项，我很可能就忘记了，这样的话这本书可能拖拖拉拉几年都写不完。

确实身边有好多朋友写第一本书都用了几年的时间，其中包括一位写时间管理书籍的朋友。

小结一下，计划赶不上变化，但还是得做计划。

1.3.2　智能技术+计划，再多变化也不怕

可能某些读者看到这里会说，你说得也太简单了吧。首先，很多事情就得当时做。其次，制订计划时已经考虑了轻重缓急等各种因素，把所有事情都安排好了，一天8小时排得满满的，忙的时候把加班的时间都考虑进去了。如果突然插入一件事情，就意味着原来我计划好要做的事情肯定得往后延。假如这件插入的事情要花半小时完成，那是要把所有的事情都往后顺延半小时吗？

我们来举一个简单的例子，假如现在是16:30，原来的计划是：

表 1.3.1　今日工作计划

计划时间	计划事项
16:30—17:00	报销（最晚明天完成）
17:00—17:30	开会
17:30—18:00	写工作复盘（当天必须完成）

假如你正在填写报销单据，老板让你过去沟通工作进展，花了半小时。那么接下来，你是不是要继续填报销单据呢？不行，因为17:00要开会，那么开完会你是不是接着报销呢？也不对，因为每天17:30—18:00是写工作复盘的时间，而报销这项工作明天做也问题不大。

所以正确的做法应该是：16:30—17:00与老板沟通，17:00—17:30开会，17:30—18:00写工作复盘，报销这件不重要但紧急的事情，会被安排在明天某个时段做。

这只是一个非常简单的例子，实际上我们每天可能有几十件事情需要完成，每当插入一件事情时，就意味着要把整个计划重排，这非常令人沮丧。更重要的是重排计划这件事本身就需要花费大量的时间，有时候可能需要你花费半个多小

时去重排一整周的计划。如果一周就这么一次变化也就罢了，但我们可能每天都会碰到3～5次，甚至10次以上的打扰，那每周岂不是要多花好几个小时来重排计划吗？

幸运的是，我们这个时代有一个好用的工具叫电脑，还有可以随身携带的手机。对于固定的逻辑，电脑的计算速度是人脑的成百上千倍，就像我们重排计划的这30分钟，也就是1800秒，用电脑或者手机来计算的话，可能只需要1～5秒。所以，只要找到了合适的自动排程工具，一旦有紧急事项插入，只要如实记录下来，自动排程工具就会在5秒之内把你所有的计划再重新排一下，这个问题就迎刃而解了。

珍时就是这样的一个App，每次重排，也就需要1～5秒，这样你就完全不用担心计划会因为突然的变化而失控了。

另外珍时还会贴心地告诉你，在这次重排以后，有哪些事情超过了原来设定的截止期限，你可以选择接受，也可以选择对那些事情的重要性和紧急性重新进行设置，以便重新调整，在合理的截止时间内完成。

当然，有了好工具也并不意味着万事大吉，当有事项插入时，你还是要去判断这件事情是否一定要当下亲自做，可以拒绝的要尽量拒绝；可以委托他人做的，尽量委托他人做；实在要自己做的，判断一下是否可以推迟做。你可以利用珍时记录对方给出的截止时间，系统会把这件事情排进去。

如果因为有了工具，而来者不拒地接受所有当前插入的事项，那么你的其他事项就会被不断地被重排，从而突破它们的截止时间。这样的话，一方面你自己重要的工作没有做，另一方面别人委托给你的事情总是不能在截止时间之前完成，那么你本身的信誉也会受到影响，别人和你的配合度就会变差，最终你的工作效率还是会下降。

长此以往，当别人觉得你在承诺时间不能完成时，可能会逼着你马上做，这样就会形成一个恶性循环：被迫放下手头的事情做别人插入的事—重排计划—对别人的承诺延期—被迫放下手头的事情做别人插入的事。

小结一下，计划列出来主要还是为了执行，不是为了摆着看的。当计划受到意外事项的干扰时，首先要尽量想办法，确保计划按时执行；实在没有办法，再去调用自动排程工具重排计划。其次，每天最好安排一小时的缓冲时间，如果没有意外事项，就把后面的重要事项拿上来做，如果有，就拿来处理这些临时插入的事项。

对于不确定性，最有效的方法是敏捷（Agility），就是对变化有快速的应对。

1.3.3　为什么你做计划后，比不做计划更高效？

看到这里，有些读者可能还是有疑问：我看到现实生活中很多人不做计划，但过得挺不错的呀？

确实，有3种场景可以不做计划，也能够实现高效。

第一种，当下只有一个压倒一切、必须全力以赴的目标，别的都可以暂时忽略。比如，我有一位做家庭收纳整理师的朋友，为了树立个人品牌，在某两个月内，只做一件事，就是写书。所以她每天除了吃喝拉撒睡，就做这一件事情。两个月后，作为一个素人作者，她的第一本书也确实写出来了。

当然，这要有些前提，比如，你备有至少2个月的生活费，你的身体健康状况能支持高强度的脑力劳动，你的知识储备已经足够写这本书。

像学生准备中考、高考，项目团队全力以赴做一个紧急项目，这类场景，每天除了完成目标，其他活动都遵从当下的习惯。剩余时间都盯住目标，快速进入心流状态，实现高效能。

第二种，被动应对型的工作。比如客服，每天的工作就是接收用户从电话、微信、钉钉、旺旺等各种渠道发送的服务需求并进行处理。

当然，这种状态下的工作可以不做计划，但在工作之余的时间还是建议要做计划，尽快提升自己，以免被人工智能淘汰。

你现在拨打大公司的客服电话，是不是经常会有语音机器人在回答你的问题？有时你接到一个电话，比如车险的确认电话，虽然对面传来的是人的声音，但其实都是事先录好的，而你的简单回复机器人也能识别，并调取下一段合适的录音用于回复，当你说的话机器人实在处理不了了，或者你强烈要求转人工，机器人才会切换到人工。

可以预见，随着人工智能的发展，机器人取代人类工作的比例会越来越高。如果不加紧学习，掌握新的技能，被淘汰是迟早的事。

第三种，就是一些不太需要与外部交流的独立创意类工作，比如科学家、艺术家、程序员。他们每天除了固定行为习惯，事情不太多，在7件左右。他们要做的是在工作的时候保持专注，每天积极反思，看看自己的得失在哪里，怎样继续改进和创新。

一个好的创意，并不能根据计划按部就班地生产出来。特别是对于基础研究领域，为了实现重大原创性成果，科学家们更需要的是宽松的评价体系和"允许尝试、失败"的环境，才能有"十年磨一剑"的重大发现。有些大学会宽松地给予科学家一笔经费，也不过问研究什么，多长时间出成果，这里的科学家往往能出重大成果。

但如果这个科学家加入了一个多人协作且要限时完成的科研项目，或这个艺术家接了一个限期交付的订单，那么，他们最好还是制订计划，以按时完成交付。

对于第二种被动应对型角色，为什么没有提到全职妈妈？她们不也是很被动的角色吗，每天除了做家务，就是照顾孩子，孩子一有需求就得立即跟进，特别是在孩子的婴幼儿时期。

其实不然，全职妈妈反而是需要做计划的，婴幼儿睡觉的时间多，全职妈妈可以借此抓紧时间做很多事，比如学习、写作、做短视频、直播……

　　如果没有计划，每天除了忙家务、看孩子，看看电视、刷刷手机、网上购购物、与闺蜜煲煲电话粥，一天很快就过去了。

　　对于大部分朋友而言，计划是非常重要的。它会告诉你，哪些事情是当天必做的，这样时间就不会在碌碌无为中虚度。

　　我有一个学员，是一个三孩妈妈，用了珍时App排计划后，兼职做的微商业务得到了很大的突破，在短时间内提升了一个等级，让和她一起做微商的全职妈妈们羡慕不已，纷纷向她讨教成功的方法。

　　这里的原理是什么？我们拿时间管理和理财做一个简单的类比。理财有个公式：支出＝收入－储蓄，而不是储蓄＝收入－支出。

　　看上去只是把位置换了一下，但其实是很有深意的。

　　我们先看：储蓄＝收入－支出，其实就是没有储蓄计划，每月收入进账后，花了再说，最后剩下的钱去储蓄。当然这个储蓄是广义的储蓄，包括银行储蓄、买货币基金、定投基金、投资债券、做股票投资等。

　　由于支出没有计划，最终的结果很可能是"月光"，也就是没有任何储蓄，即便有，也很少。

　　我们再看：支出＝收入－储蓄，每月收入进账后，先将固定数额的收入储蓄起来，然后拿剩下的钱去消费。这样就能量入为出，对于一些可买可不买的商品就不买了。比如冷饮、零食，其实仅仅满足了人的口腹之欲，如果闲钱不多，就会少买，不但省钱，还有益于健康。

　　时间管理也是如此。

　　如果用"储蓄＝收入－支出"策略，相当于每天没有计划，只做眼前紧急（包括重要紧急和紧急不重要）的事，做到哪里是哪里（支出），最终能花在学习、提升上的重要不紧急的时间（储蓄）就很少乃至于趋近于0。

　　反过来，用"支出＝收入－储蓄"策略，相当于先把用于自我学习、提升的重要不紧急时间计划好，那么那些紧急不重要的事可能就没有时间做了，这样你不仅没多少损失，反而还有益于健康，比如少玩游戏对保护视力肯定是有利的。

【锦囊6】对于在一段时间内全力以赴只做一个项目的场景、被动应对型工作、独立创意类工作，可以不用制订计划，按照自己的节奏全力以赴地去工作，也能达成不错的效果。

本节练习：根据下表，选出你明天最重要的三件事，并分别填写它们的最早开始时间、最晚截止时间、重要性。第二天根据该表，在优先处理最重要的三件事的基础上，灵活安排当日其他事项。

表1.3.2　重要事项计划表（示例）

_____年_____月_____日

重要性	事项内容	最早开始时间	最晚截止时间	完成情况	耗时
最重要	珍时App新功能逻辑图	09:20	17:30	已完成	1.5小时
……					

若觉得手动安排太复杂，可以使用珍时App（如下图），让智能工具帮你更高效地安排一天的工作。

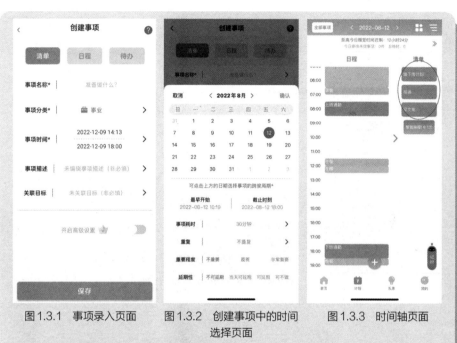

图1.3.1　事项录入页面　　图1.3.2　创建事项中的时间　　图1.3.3　时间轴页面
　　　　　　　　　　　　　　　　选择页面

单击"智能排程"，系统就会自动将你录入的事项进行智能排序，如下图：

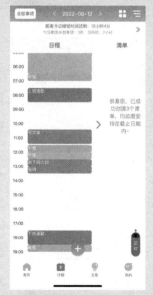

图1.3.4　珍时 App 为你智能排程的当日重要计划页面

2

TWO

只需三点，让高效率
持续在线

2.1

在群体中更快更好地成长

2.1.1　一个人走得快，一群人走得远？

经常听到一句话，一个人走得快，一群人走得远。确实是这样的吗？

乍一听好像是那么回事儿，比如一个团队一起走，有些人走得慢，有些人走得快，要一直走的话就得照顾那些走得慢的人，所以走得快的人也就不得不放慢脚步。一个人走得快是有道理的。

一群人走得远很好理解，因为一个人走太孤独，而一群人相互支持，相互鼓劲，自然能够走得比较远。

但这只是理论上的情况，实际上很可能是一个人走不动，一群人走得又快又远，这是什么道理呢？因为人毕竟是一种情绪动物，没有情绪就没有动力。

我曾经在晚上一个人爬泰山，1545米的海拔，我从20:00左右开始爬，一直爬到凌晨4:00才到达顶峰，整整花了8个小时。

我们看一下关于登泰山的百度经验参考。

专业登山运动员：1~1.5小时；

身体素质较好（经常锻炼）：1.5~3小时；

身体素质一般（偶尔锻炼）：3~5小时；

身体素质较差（偏胖者、女生）5~8小时。

但那时我才大学4年级，每天早上锻炼身体，跑个2000多米不成问题。

多年以后，我和两个朋友一起爬海拔2000多米的华山，这时候的我不太锻炼，身体素质差多了，晚上21:00开始爬，凌晨4:30到达南峰，花了7个半小时。

需要说明的是，我的一个朋友体力比我强很多，另一个体力比我差很多，但偏偏这个体力差的人一开始还不服气，硬要背着自己那沉重的电脑包，直到最后实在承受不住才交给了那位体力好的同伴。一般来说，我们整体团队的行进速度，应该比我一个人时慢才对，但实际上，我们不但少花了半个小时，还多爬了500多米。

为什么会发生这样的情况呢？有以下几个原因。

（1）群体的节奏感更强。

我一个人爬的时候，非常寂寞，走着走着觉得没劲了，就自己随便歇一下。我们前面说过，人对时间的感知是不准确的，很有可能我自己觉得只歇了10分钟，但实际上却歇了20分钟，甚至半小时。我那个体力好的伙伴，由于平时经常登山，很懂得掌握节奏，一般他说休息5分钟、10分钟，时间是相对准确的。在一个群体中，总能够找到一两个牛人引领大家按照正确的节奏，一步步地往前走。

（2）群体能产生积极的情绪。

一个人走非常寂寞，很容易产生疲劳感，所以相对而言就更容易频繁地停下来休息。但在群体中大家有说有笑、相互扶持，精神状态就好很多，这就是积极情绪所产生的力量。

（3）群体中有参照系效应。

人总是有突破自己的动力，想把自己变得更快、更高、更强。如果这个时候有一个更强的参照系在前面引领，人就更容易向这个参照系靠拢（除非那个参照系高不可攀）。在实际情况中，经常发生这样的事：体力最好的同伴，可能已经一马当先走得远远的了，当他回头看我们时，如果发现我们已经落后太远，就会停下来等我们，这会让我们觉得不好意思，所以就会不自觉地加快脚步，不让他等得太久。

基于以上三种原因，在群体中一起做一件事，往往会比一个人孤身前行走得更快，也持续得更长。

所以正确的说法应该是一个人走不动，一群人走得又快又远。

2.1.2　打卡，收获的不仅是他律

加入一个团队，是不是就意味着万事大吉呢？答案显然是否定的，原因也很简单。第一，大多数人都有惰性；第二，对于自愿加入的团体，每个人都有脱离团队的自由。

惰性是人的天性之一。人是从动物进化而来的，动物为了生存，首先要寻找食物，要花费一定的体力，而在自然界中，食物并不是随时可以拥有的。食草性动物还好，食肉性动物一般都须捕猎，而捕猎的对象出于求生的本能，往往也很机敏，会东躲西藏。猎豹是地球上奔跑速度最快的动物，当猎豹近距离发现了一只兔子，按理说以兔子的奔跑速度是绝对跑不掉的。但是兔子有一个猎豹没有的能力，那就是会急转弯，当它快被追到时，会突然急转弯，朝另外一个方向跑去，而猎豹由于惯性，不得不跑出很远再折返去追兔子，在快追到兔子时，兔子又会来一个急转弯。所以猎豹要追到一只兔子，往往要费很多的体力。很多时候，兔子还会钻进猎豹进不去的洞里，所以猎豹有时不得不放弃，因为它必须在辛勤劳作后保存一定的体力，这是一种生存的本能。

所以你在犯懒的时候，其实不用自责，这就是几百万年来在生物演化过程中留下来的烙印，是一种与生俱来的天性，而人类最终能够成为地球的主宰，最重要的原因就是我们中的一部分人能够克服这种惰性，完成一些对抗天性的事情。我们的祖先为什么能够捕杀比自己跑得快，甚至比自己强悍的动物呢？主要依靠

以下三点。

（1）猿人追击猎物主要拼的是耐力。

一般而言，跑得快的动物耐力不够强，猎豹的奔跑速度能够达到人的15倍，但它的问题是跑不远，你不能指望一只猎豹去跑马拉松。猎豹跑到一定距离，心脏就承担不了，必须停下来休息，而猿人的耐力相对比较好，能够在追击动物时停下来喘会儿气继续跑，直到追捕的动物跑不动为止。

（2）团队作战的威力弥补了个体实力的不足。

如果一个人单挑，除了武松那样拥有神力和一身高强武艺的人，大部分人都不是猛兽的对手，但是一群猿人一起战斗往往能致猛兽于死地。

（3）运用工具弥补自己先天的不足。人虽然没有老虎、狮子嘴里的牙齿和锋利的爪子，但是人会制作长矛，在猛兽够不到的距离刺中对方。对于远处的猎物，人还发明了弓箭，能够远距离地射杀动物。

对于比较难做的事情，比如每天读书写作，锻炼身体，做刻意练习，定期理财，都是要消耗很大精力的。所以在疲劳的时候，人的惰性就开始让人放弃有意义的行动转而去做一些简单的、不用付出太多精力的事情，比如说，刷朋友圈、追剧、看短视频、玩游戏……

如果你有一个高远的目标，也愿意为之付出努力，那么应对惰性最好的药方就是自律，所谓自律就是在没有他人监督的情况下，自己能够做出符合道德标准或长远目标的事情。无数精英都是这样自律的，比如伊隆·马斯克，他会把自己的时间分成一个一个小块（cell），不容任何的迟误。

但大多数人都不是精英，自律程度不够，可又不甘于眼下平庸的生活，有什么诀窍呢？那就是打卡。

为什么打卡有这样的奇效呢？因为打卡有点像前面讲到的猿人的捕猎行为，首先是能训练耐力。一般而言，耐力是人对紧张体力活动的耐久能力，是人体长时间进行肌肉工作的能力，即对抗疲劳的能力。

但我们可以把它延伸到意志力的领域，因为意志力本身也是一种精神肌肉，说到底是用来对抗因为长期做某件事情而产生的疲劳和不适感所需要的进行有难度事项的能力。当这种能力不足的时候，我们就需要旁人监督，来用意志力以外的方式干预。

还以我们刚才提到的围猎为例，在一群猿人中肯定有体力偏弱的，跑着跑着觉得自己跑不动了，如果就此犯懒，等到同伴把猎物猎杀之后自己再去吃白食，肯定会遭到同伴的排斥，甚至会被逐出群体，那么等待他的就是生存的危机。所以在跑不动的时候，出于不被群体抛弃的强烈愿望，个人更加能够在群体中克服疲劳带来的不适，继续努力奔跑，久而久之，耐力提高了，产生疲劳感的间隔时间不断延长，从而养成一个原来自己比较难坚持的习惯。

从这个意义上，他律＝耐力。

当然这里需要思考一个问题：如果你退出这个群体，将会受到多大的损失？

我曾在一个互联网社群中参加了一个读书打卡活动，要求半个月内看完一本书，每天看1~2个章节，并写不少于200字的读书笔记，这样每年就能够深度阅读24本书。这是一个非常好的活动，但即便是很爱学习的我，也是时断时续。因为人群和退出都没有成本，只要参与报名就可以，所以大多数人都会半途而废。

所以这里推荐一种更有成效的打卡方法——契约金打卡。你在参加这项打卡活动时，要缴纳一定的契约金，比如10元、100元甚至1000元，如果你在一个打卡周期，比如21天或者66天全程参与了打卡，那么到期契约金就会退还。但如果你在这个周期中没有完成打卡，那么契约金就会被完成打卡的参与者瓜分或者归打卡平台所有。

实践证明，这种有契约金的打卡，往往比没有契约金的打卡成功率高一倍。它的原理就是人的损失厌恶心理。

科学家通过实验证明，人损失100元的难受程度，往往是意外得到100元的喜悦程度的4倍，特别是当人认为这种损失不应该出现的时候。所以当你参加了这么一个打卡活动，你认为自己明明稍加努力就能够做到，那么在交了契约金以后，你就有非常大的动力去完成打卡，确保不损失这笔契约金，哪怕这笔契约金数额很小。

当然，如果所需要付出的努力非常大，让你感觉坚持打卡所需要承受的心理压力比损失契约金的压力大很多，那么也很可能让人放弃。所以对于难度越高的契约金打卡，建议将契约金的数额提高到自己不愿意损失的程度。

我曾经作为一个打卡小组的组长，规定每人养成一个微习惯，契约金至少10元，但也可以自己提高数额。最终大部分成员都交了10元，结果每个周期有50%的失败率，但是那些交了50元和100元的成员，就没有失败过。

除了他律的作用，打卡和围猎一样，发挥了团体作战的优势。特别是互联网上的打卡，如果你在做打卡要求的事时碰到了困难，那么你可以看看那些先完成打卡的人的成果和体会，自己就能有所领悟。

回到我曾经参加过的读书打卡活动，活动要求每半个月读一本书，每次要写不少于200字的读书笔记。根据不同书籍的篇幅，有些书可能一天看一章，有些书可能一天看两章，有些书可能一天看1~2个小节。

那时候，我正同时参加一个写作平台上的日更挑战，我觉得可以一举两得，既读了书，又可以把读书笔记作为写作平台上的日更文章。这样的事情很高效，是我最愿意做的。

但在实践时却碰到了问题：有些书整体上是一本好书，但部分章节只是在做铺垫，没有特别吸引人的观点，或者有时候一天读的几个章节是完全不同的主题。写读书笔记还可以，但写新媒体文章就不适合了，以至于这样做了几次以后，我的写作平台不但没有涨粉，反而掉粉了。

于是我去浏览了一起打卡的小伙伴的读书笔记，特别是其中领读的那位小伙伴，很快从中找到了解决办法：读书笔记并非要把书中所有的知识点摘录下来，只需要摘录对自己有用的新知识就可以。一本书不可能处处是精华，只要有一个闪光点能被读者吸收，这本书就值得阅读。

所以，接下来我再写读书笔记时，只抓住自己最有收获的一点或几点，同时结合自己的思考，如果可以纳入实践的话，再结合自己的践行思路进行阐发。这样一来，我自己也确实通过读书获取了新知，写出来的新媒体文章也越来越受到读者的青睐，粉丝数量节节攀升。

最后，关于打卡的契约金我想提供一点建议，最好使用一些可信、好用的平台。还拿我曾经担任过组长的打卡小组为例：我们当时建立了一个小群，每个组员以红包方式交契约金。当然这也是出于大家对我的信任。

但我作为组长的工作量就很大，每天要在群里"爬楼"统计谁没打卡，可供分配的契约金是多少，然后发放红包。一个打卡周期结束后需要给不继续参加的人返还红包，下次再有新人还得一个个再收。这中间还有一些组员会以各种理由不打卡，请求这次不扣，下不为例。

最终，我不胜其烦，把组长的职位让给了副组长，把我手里的契约金也转给了他。没想到这个大家都信任的新组长突然有一天受伤住院，然后失联，契约金也没有给大家退回，打卡组织不欢而散。

根据这次惨痛的经历，我在珍时App专门开发了契约金打卡功能，把钱交给机器人管。有人打卡失败，系统自动瓜分；打卡期过，系统自动退回。另外也给予打卡发起人一定的分成，让打卡的发起和执行变成一件轻松的事，让打卡参与者的注意力回归打卡事项本身。

【锦囊7】去自律打卡社群、App或小程序参加打卡（如图2.1.1），不仅能运用他律的力量弥补自身意志力和耐力的不足，也能够与一起打卡的朋友取长补短，获得新知。

图2.1.1　珍时App的打卡页面

2.1.3　好习惯养成的终极狠招——发起打卡

如果要养成一个好习惯，自己的意志力又不够坚定，那么我给你一个终极狠招，那就是自己发起一个打卡。

有一位时间管理导师曾经发起早起打卡，她对粉丝坦言：我发起早起打卡，其实是想用这种方式来倒逼自己早起。

确实，参加一个打卡，很可能并没有多少人关注你打卡成功与否，但发起打卡，自己就成了打卡组织的焦点。同样处于受监督的场景，后者的监督力度显然比前者要强得多。

发起打卡有两种形式。

一种是发起大家都参与的打卡，就是每个人都需要打卡，发起人起到的是发布、带头打卡、点评、督促的作用，珍时、小打卡、小小签到都可以发布打卡。

设想一下，如果自己鼓动了一批同好参加打卡，尤其当自己是一名KOL，鼓动了一群粉丝来打卡，结果自己却失败了。这时损失的就不仅是契约金，而是自己的信誉，甚至会失去自己的粉丝。

在一个打卡组织中，发起人一般都不希望大部分人打卡失败，很可能会对暂时掉队的成员进行督促。但如果自己都失败，还有什么脸面去督促别人呢？

另一种是发起围观打卡，也就是只有自己打卡，设定一笔契约金，如果完成了打卡目标，契约金回收，如果失败，那么契约金就被围观的朋友瓜分。珍时、达目标、脸疼等App都有这种功能。当然，更简单的，你也可以在朋友圈或微信群中发布一个自己要养成的习惯，让大家监督，并承诺如果失败就给大家发红包。

一般而言，发布的契约金越多，围观的人也越多，自己也会更在意。如果在这种围观打卡的应用程序中，点赞、评论、转发能让围观者得到更多的瓜分权重，就会吸引围观者给你鼓劲，这种反馈也会成为你坚持的动力。

这就有点像发朋友圈，别人的点赞和评论会让你有继续发布的动力。

我有一个好朋友，一直想养成每天早上阅读和做笔记的习惯，也参加过各种打卡活动，习惯还是没养成。最后他想出了一个大招，在一个300多人的时间管理践行群中发布公告：自己在接下来的30天中每天发布一篇不少于500字的读书笔记，如果任意一天没发布就给群里每人发100元红包。这就相当于任何一天失败，他都要付出3万多元，这对于并不富裕的他来说是一个完全无法接受的损失。结果你一定能猜到，他完成了30天的打卡目标，没有付出一分钱，不但养成了写读书笔记的习惯，也收获了很多粉丝，结交了很多朋友，其中一些人因为他的决心和勇气在事业上给予了他一定的支持。

【锦囊8】如果参与打卡还不能养成好习惯，那就对自己狠一点，发布一个打卡，让自己没有退路。

本节练习：到珍时App或其他有打卡功能的App、小程序中参加一个打卡或发起一个打卡。

2.2

情绪管理——时间管理绕不过去的坎

2.2.1 道理我都懂，可我就是不想做！——原因在这里

你是不是经常碰到这种情况，明明知道现在应该做某件事情，但就是不想动，比如明明知道早睡对身体好，但就是忍不住熬夜，其实也并不是有什么工作上必须完成的事情，无非就是追剧、刷抖音、刷朋友圈；明明知道有一件事情必须马上做，但在情绪上总是抗拒现在就做。

我以前也曾经有过此类惨痛的经历。比如说明明知道护照快到期了，应该抽时间去处理一下，虽然那段时间也没有忙到抽不出时间去续期护照，但就是一直不想去。直到某一天要出国了，发现护照已经过期，只能重新办一张护照，不但多花了钱，也多花了时间。

为什么会发生这种事呢？

因为有一种力量在背后控制着我们的行为，它就是情绪。

你肯定有过这样的体验：情绪高涨的时候，你做事情充满动力，速度也很快；情绪低落的时候，做事情打不起精神，什么也不想做。

所以情绪管理是时间管理绕不过去的坎。试想：你如果原来已经制订了周详的计划，但是在做某件事的时候，情绪使你抗拒做这件事情，那么即便你勉强做，效率也不会高。更多的情况是，理性告诉你应该现在做，但是情绪会让你忽视理性的提醒，导致你最终什么也没做成。

那情绪到底是何方神圣？居然能够打破我们的理性，让我们做一些对抗理性的事？比如，理性告诉我们今天要早睡，但情绪促使我们玩手机到半夜；理性告诉我们不要吃太多，但情绪让我们放不下筷子。

情绪是我们内心的感受经由身体表现出来的状态，又被称为灵魂的声音。

我们的情绪有很多种：烦恼、无奈、委屈、愤怒、郁闷、焦虑、好奇、紧张、疲惫、担心、憎恨、崩溃、嫉妒、痛苦、恐惧、哀伤、忧愁、绝望、仇恨、难过、麻木、困惑、怀疑、后悔、孤独、寂寞、歉疚、自责、同情、烦躁、怜悯、心虚、抑郁、惊讶、压抑、羞涩、挂念、无力、厌恶、伤心、寒心、喜悦、快乐、快活、平和、轻松、兴奋、平静、狂喜、欣喜、窃喜、释然、畅快、满足、自在、激动、心动、冷漠、黯然、急躁、生气、同情……

不同的情绪，会对我们的行为及其效果产生或多或少的影响。当我们烦恼时，我们就很难专注地去做一件难事，效率就会相对低下；当我们兴奋的时候，我们就能够相对专注地做某件有一定难度的事，效率也会比较高。

字节跳动的创始人张一鸣曾经研究过，他自己最好的工作状态是"在轻度喜悦和轻度沮丧之间"，不太激动，也不太郁闷，而且睡眠充足。

所以要提高效率，我们应该尽量保持合适的情绪状态，适当的运动就能激发轻度愉悦的情绪。

但生活总有各种意外发生，比如上班的某条路，原来很畅通，但是今天突然堵塞，让你产生了焦虑的情绪；你正在认真工作，上司突然过来责备一通，你可能会产生沮丧的情绪。

小结一下：情绪对时间管理的效果有非常大的影响。要让自己做事效率稳定或更高，我们可以用时间管理工具做一些生活安排，让我们在日常情况下保持正面情绪。当我们遇到意外产生不良情绪时，要通过一些方法去管理，让它不至于对我们的效率造成重大影响，最好能将这些负面情绪转变成我们高效的动力。

2.2.2　负面情绪可以这样管理

负面情绪对人的影响可不只是影响效率，它会影响到你的身体机能，甚至让你生病。

人最原始的两种情绪，恐惧和愤怒，往往都是针对威胁的反应。比如被野兽袭击，这时候人往往会有相应的应激反应。如果情绪是恐惧，人往往会选择逃跑，应激反应会赋予自身足够的速度和体能逃出野兽的攻击范围；如果情绪是愤怒，人往往会选择战斗，应激反应会赋予自身足够的力量和灵敏度与野兽进行搏斗。

这是人维持生存的刚需，但问题是：应激反应没有那么聪明，能够准确判断当前是否受到了真正与性命相关的威胁。比如"路怒族"，只是因为前方的车别了你一下，并不会对你产生什么威胁，但应激反应只听情绪的，于是就会让你的身体产生战斗的应激状态。此时，理性就会被抑制，人往往会狂按喇叭、与对方吵架，甚至快速超车去别回来等。

即便没有什么实质性的对抗行为，只要产生了应激反应，我们的肌体就会强化心脏的跳动来供给身体的需要，长此以往会给我们的身体埋下心脏病的隐患。而且一旦出现应激反应，人体不得不通过提高血压来保证血液循环的需要，从而加大了引发高血压的可能性。同时血糖为了支持能量的应激供应，只好将肝糖、组织中的蛋白质都转化为糖，而血糖的升高自然会提高糖尿病的发病概率。

很多重大慢性疾病都源于身体长期处于慢性应激状态，导致身体无法正常消化、吸收食物，也无法修复日常的身体损耗。

因为进入应激状态后，神经必须启动内分泌系统、免疫系统、循环系统、消化系统，就像发动一场战争一样，所有相关系统都会投入战斗！于是正常的生产将停止，所有资源都会用来备战。这样一来，用于应激状态的内分泌系统就会替换原本用于生长、修复的内分泌系统，同时抑制免疫系统，使循环能力下降，消化能力减弱，造成身体机能紊乱。

所以，当负面情绪发生时，及时进行干预、调整，不仅能帮助我们提高效率，还能帮助我们提升健康水平。

具体怎么做呢？

下面就是我们的应对方案。

（1）快速平复负面情绪。

人在负面情绪和伴随而来的应激状态中，身体的能量都会被调动去应对情绪，导致大脑缺血，于是智商往往趋近于0，很难做出理性的判断和抉择。这个时候，最要紧的是从应激状态中抽离出来，让能量回到大脑。

这里我们推荐几种方法。

数颜色法：在出现负面情绪时，数一数周围的物体有多少种颜色，持续30秒。暂时离开当前的情绪，回归理智。

沉默法：默念"我不生气，我不在意"。调动潜意识离开当前场景，将引起你负面情绪的诱因和此刻的情绪做一个隔离。比如恋人之间吵架吵到不可收拾了，先分开一会儿；开车被别住了，就换个道开。

深呼吸、喝水：这些动作能帮助我们从应激状态中脱离出来，让理性回归。

按摩膻中穴：膻中穴，就是两乳连线的中点，可以双手合十，用大拇指按摩膻中穴60～100次，不仅可以舒缓情绪，还能起到保护心脏的作用，对减轻胸闷、气短症状也非常有效。

（2）运用情绪ABC理论转换负面情绪。

当理性回归时，我们就可以采用情绪ABC理论（见图2.2.1）尝试转换情绪。

情绪ABC理论是由美国心理学家埃利斯创建的理论，认为激发事件A（Activating Event）只是引发情绪和行为后果C（Consequence）的间接原因，引起C的直接原因是个体对激发事件A的认知和评价而产生的错误信念B（Belief）。错误信念也称非理性信念。

A（Activating Event）指事情的前因，C（Consequence）指事情的后果，有前因必有后果，但是有同样的前因A，却产生了不一样的后果C1和C2。这是因为从前因到后果之间，一定会透过一座桥梁B（Belief），这座桥梁就是信念和我们对情境的评价与解释。在同一情境之下（A），不同的人的信念以及评价与解释不同（B1和B2），所以会得到不同结果（C1和C2）。因此，事情发生的一切根源源于信念。

有一次我在美国黄石公园自驾游。当时我们没有订到公园内部的小木屋，于是只能在晚上开车到公园外的小镇住宿。当时天色已晚，路上也没有路灯，只有我这一辆车，我就开着远光灯，以最高限速开。

突然，对面车道过来一辆车，向我闪了好几下灯。我理解这是正常的，两车相向而行，是应该开近光灯的。但是当我切换到近光灯以后，那辆车还在向我不断地闪灯，我就觉得他可能没有看清楚我已经切换了，于是也朝他闪了两下灯，没想到他还在不断地闪灯。当时我就怒了，因为我联想到那时新闻里一些种族主义分子对华人的挑衅事件，我就觉得他是在挑衅。但这毕竟是在人家的地盘，我也不想惹什么事，所以就选择不管他，继续开车。

这时候理智回到我身上，我猛地一个激灵：不对呀，在这种灯光条件下，他应该看不见我的脸，怎么知道我是华人，进而对我挑衅呢？所以必然有别的原因，是不是前方发生了什么事情？于是我就立即刹车放慢车速，果然前方不远处有一群美国野牛正在过马路。如果不是那位好心的车主提醒我，我很可能刹不住车，一头撞上牛群。这可不是好玩的事，且不说野牛可能会报复我们，导致汽车甚至我们的人身安全受到威胁，更重要的是在这种地方伤害野生动物，多半是要坐牢的。当时那辆车已离我远去，我只能在心里为他点上1万个赞。

在这件事情中一开始的激发事件A，就是对方在我切换到近光灯后还不停地闪灯，而我一开始的信念B1是他是个种族主义者，在挑衅我，于是导致了我的愤怒情绪C1。但后来，当我的信念转为B2（他可能在提示我前方有情况）时，我的情绪就一下子平静下来，转为了C2（疑惑），并采取了放慢车速的行动。最后当我确认B3，他确实是在提醒我的时候，我的情绪又转变成了C3：感激。

应用这种方法，当我们碰到引起负面情绪的事件时，应该先定义这件事情的客观事实是什么，然后找出自己的信念，分析信念B1是否是必然的，是否可以有B2、B3等其他解释。如果有其他解释，那就不要任由情绪C1驱使去做一些不理智的事情，而是先搞清楚事情的原委再说。

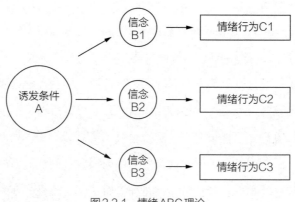

图2.2.1　情绪ABC理论

（3）多想开心的事。

每个人都有开心的事，开心的事就是你做得成功的事，信心和力量都是它的产物。要多想你最得意、最成功的事，细心品味一下那时你的心理感受。比如当我遇到挫折时，就经常会去想自己在3个月完成6个美国团队各自花1～2年才能完成的项目，心情立即舒畅很多，信心也恢复了不少。

（4）立即做运动。

运动能产生一种叫内啡肽的神经递质，有助于消解不良情绪。如果再配合多想开心的事效果更好。以前有一个人，生气时就会绕着他的房子跑步，不管他的房子有多大。后来别人问他为什么这么做，他说当房子很小的时候，绕着房子跑步，就会想，现在这么穷，有什么时间去生气？当我的房子很大的时候，我绕着房子跑步就想，我已经这么富有了，还有必要为这么点小事生气吗？

小结一下，负面情绪对人的心理和生理都会产生有害作用。在产生负面情绪时，可以通过各种方法先暂时减轻负面情绪，然后理智地分析背后的原因，做出正确的判断，最后想办法转换到正面情绪上来。这样，你的效率就会再次提高，身体健康状况也能得到改善。

【锦囊9】在出现负面情绪时，首先用各种方法快速平复情绪，然后用情绪ABC理论转换情绪。在出现负面情绪的诱因时，用运动和想开心事情等方法产生正面情绪，预防或消解负面情绪。

2.2.3　引导正面情绪，效率提升3倍

负面情绪来的时候我们能处理，这就够了吗？

还不够。毕竟，处理情绪需要时间，人往往感知不到自己在情绪当中，所以

也不会想到要去处理情绪，这段时间往往很长，已经严重耽误了进度。

最好的防守就是进攻。如果我们把处理负面情绪当作防守的话，那么最好的方法是：通过时间管理，让自己经常产生正面情绪，从而压缩负面情绪产生的时间。

下面就介绍几种常用的方法。

（1）专注担忧法。

每天抽5～30分钟时间在固定地点全神贯注地担忧，然后停止。原理很简单，人总有各种各样需要担忧的事情。担忧事情做不完，担忧被老板责备，担忧自己身体出状况，担忧失业没有收入。这些担忧是客观存在的，不是靠心灵鸡汤就能够消除的。

心灵鸡汤确实能够赋予人力量，但是一旦回到现实中，那些引起担忧的事情扑面而来，还是很容易让我们回到负面情绪中。与其被这种负面情绪时时侵扰，不如我们主动出击，每天抽5～30分钟时间，全神贯注地担忧，把所有自己担忧的事情及其所可能造成的最坏情况都过一遍，然后告诉自己，我今天已经担忧过了，把最坏的情况都考虑过了，其余时间就好好做事情，把引起担忧的那些事全部解决掉。如果解决不了，那么也没有必要多担忧一次。

（2）自我暗示法。

每天早上起床时对自己说，今天我心情很好！一切顺利！ 当你给潜意识一些正确的呼唤，潜意识就会被激发，潜移默化地帮助你顺畅地完成工作。

（3）与快乐者为伍。

我曾经有一个同事，整天脸上都挂着笑，我每天看到他时，心情也会舒畅起来。有一天我忍不住问他，什么事情这么开心。他说其实也没有什么特别开心的事情，但是一直微笑也是一天，愁眉苦脸也是一天，那还不如微笑地过一天，让自己心情舒畅。后来我就学习他，整天笑呵呵的，一开始是强迫自己微笑，但后来觉得心情真的变得舒畅了，做事的效率也提高了。周围的同事受到感染，心情愉快，效率也提高了不少。

（4）每天冥想10~15分钟。

冥想可以减轻压力。它可以降低你的心率，降低皮质醇的产生，而皮质醇是一种会让你产生紧张情绪的激素。

冥想能帮助你更快入睡，还能提高你的睡眠质量。睡眠质量和情绪也是高度相关的。

如果你在晚上或白天思维过于活跃，你就会知道这种感觉并不是那么美好。一件件不重要的事情可能会在你的脑海里一遍又一遍地闪过，并延伸到"如果"中的"如果"，这很容易导致精神疲劳。

当你冥想的时候，你会只专注于一件事，比如你的呼吸。虽然偶尔会走神，但你可以把它带回那个焦点。有规律地冥想，你就能更容易获得内心的平静。

所以，每天花10~15分钟冥想，往往能起到1小时睡眠的效果。

在珍时App中也可以找到一些冥想的课程，你可以随着引导词进入冥想状态，不必在意在这个过程中思绪飘散，察觉到思绪飘散后，再回到冥想词，并根据冥想词做相应操作。

（5）每天有固定的休息时间。

人体有自己的生物钟，这是不受大脑控制的。比如到了23:00，肝脏开始排毒，过了这个点，这个功能是不会再做一次的，只有等到下一个23:00。当身体的毒素未被有效地排出，人就会感到疲劳，情绪也会受到影响。

（6）经常运动。

经常锻炼有助于预防疾病和保持健康，如糖尿病、高血压、心脏病和肥胖问题。同时，运动也可以改善情绪，振奋精神，让你保持充沛的精力。

最近的一项研究观察了120万人的身体活动和情绪之间的联系，发现运动对抑郁有影响。研究人员发现，锻炼的人报告精神健康状况较差的天数与不锻炼的人相比平均要少1.5天。有趣的是，每次锻炼30~60分钟的人得到了最好的结果，平均少了2.1天。

这是为什么呢？当你运动的时候，你的身体会释放内啡肽，这是一种天然的镇痛剂，可以减少疼痛感，提高免疫力，帮助你放松身心，获得愉悦。运动可以促进内啡肽的产生和释放，同时减少肾上腺素和皮质醇等荷尔蒙的活动，这些荷尔蒙会产生焦虑和紧张的感觉。

所以，有规律的运动可以帮助你获得更快乐的心态和更好的生活质量。

当然，运动不要过量：每天锻炼超过3小时的人的精神健康状况比完全不锻炼的人更差。

【锦囊10】每隔一段时间做一些能产生正面情绪的事，让正面情绪帮助你提高效率。例如可以在珍时App中设置一些每天做的能产生正面情绪的日程或清单，每次时间不用长，5分钟即可。

最简单的，你可以在珍时App中找与情绪管理相关的打卡，每天只需要几十秒，坚持30天，你就会发现自己的情绪真的变好了。

本节练习：建立自己的情绪管理清单

根据自己的偏好，建立一个你定时要做的情绪管理清单，这个清单中的事项不仅能帮你学习或锻炼，更重要的是能为你带来快乐和幸福的感觉。

例如，每天睡前冥想10分钟，或每周跑步2次。你可以把自己的情绪管理清单手写或打印出来贴在手机背面，也可以在珍时App中设置每天重复或每周重复的情绪管理清单。

2.3

精力管理——为时间管理插上翅膀

2.3.1　没有精力，再好的计划也是白搭

我们安排好了时间，也有了积极正面的情绪，是否就能确保我们高效地完成每一件事呢？并不尽然。

你是否有这样的体验：每天做了很好的计划，也保持着高昂的斗志，上午效率不错，但一到下午就精力不济，大部分任务都超时完成，有些任务不得不推迟到第二天，影响了工作绩效。

或者，晚上跟着直播进行网课学习，但学着学着，开始睡眼惺忪，怎么都集中不了注意力，老师的话听不进去，做题总是做错。

抑或，线下培训时，耳朵好像还能听得进去，但是做笔记的手已经开始不听使唤，写出来的字歪歪扭扭，自己都不认识。

还有，在和同事头脑风暴时，对方思维敏捷，侃侃而谈，你却思维迟钝，怎么都跟不上对方的节奏，又不好意思老是打断对方，于是只能对自己没听明白的事情表示同意，最后发现出现了重大的决策失误，而这些问题如果自己头脑清醒是完全能够想明白的……

上面的这些时间安排不可谓不对。比如大部分的网课直播，因为考虑到学员

白天需要工作，所以一般都安排在晚上进行。虽然大部分的直播课程都有回放，但是直播课程往往会有一些即时互动，是比单纯看网课回放要好很多的，所以只要能安排出时间，尽量还是看直播。

上午精力充沛，一般适合做需要分析的工作；下午精力一般，比较适合沟通和讨论。

所以以上的计划安排，其实并没有什么问题，问题就出在某些安排好的时间段，没有精力的话，就不能达到这个时间段的做事效果。

那么到底什么是精力呢？有些书说就精力就是做事的能力，这是完全错误的，能力在相当长的一个时间段内是相对不变的，要通过不断的刻意练习才能提高。对精力而言，往往好好睡一觉，小憩一会儿，美美吃一顿，就能显著提高。

精力，就是一个特定的人在一段特定时间内的精神和体力。

不同的人在同一时间段精力状态会有很大的不同。比如两个水平差不多的围棋高手进行对决，精力充沛的棋手往往胜率更大。

同一个人，在一天内的不同时间段，或在同一时间段但位于不同的生命周期时，精力也是不同的。

每个人从出生那天起一直到生命终结，都存在着体力23天、情绪28天、智力33天的周期性波动规律，这被称为人体生物节律（见图2.3.1）。每一个周期中又存在着高潮期、低潮期和临界期。所以，在日常生活中，有人会觉得自己的体力、情绪或智力有时很好，有时很差。

即便同样位于体力高潮期开始的第5天的同一个时刻，刚做完一个复杂事项和刚做完一个简单事项的精力状态也不一样。

精力是否充沛与做事效果有很大的关系，甚至会使原来完美的时间安排无法达到预期效果，所以有些专家会说，精力管理比时间管理更有效，还有一些专家说，精力管理和时间管理要并行，做双重管理。

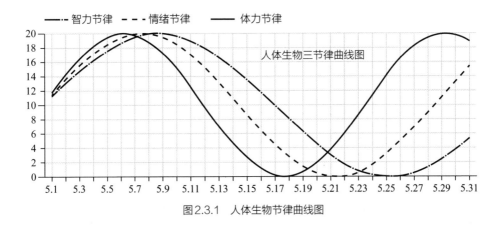

图2.3.1　人体生物节律曲线图

　　这两种观点其实都没有搞清楚精力管理和时间管理之间的关系，就好比没搞清楚体育锻炼和健康管理之间的关系。

　　如果有人和你说，体育锻炼比健康管理更重要，或者说体育锻炼和健康管理要并重，你可能会哑然失笑，难道体育锻炼不是健康管理的一部分吗？健康管理还包括作息管理、营养管理、定期体检和心理健康管理等。

　　同样，时间管理本质上就是在正确的时间、用正确的方法、做正确的事情。而精力管理，无论是善用精力，还是恢复精力、提升精力，最终还是要落实到在什么时间，用什么方法，做哪些事情去善用精力、恢复精力、提升精力。

　　除了精力管理，时间管理还包括：收集事项、划分轻重缓急、进行事项排程、高效执行、复盘提升等内容。所以，精力管理是时间管理的一个组成部分。

2.3.2　把精力管理作为时间管理的一个考虑因素

　　精力管理到底包含哪些内容呢？

　　（1）善用精力。

　　对于一个特定时间段的特定的人，精力值是一个定值。我们拿可充电电池的电压值来比喻精力值（注意：不是精确值，只是做个类比），如果小A在体力的高潮期和低潮期的中点精力基准值是1.5伏，也就是说，早上起来，他的精力值是1.5伏，中午可能是1.0伏，晚饭后是0.5伏，睡觉前是0.1伏。那么比较合理的精力管理方案是：

上午，做比较复杂的、需要分析的事；

下午，做相对简单的、流程化或头脑风暴之类的事；

晚上，做轻松的事。

（2）恢复精力。

做了一些耗用较大精力值的事后，做一些恢复精力值的事：

比如使用番茄工作法，每专注工作25分钟，就休息5分钟，把精力值从1.3伏恢复到1.4伏；

中午午睡15～30分钟，把精力值从1.0伏恢复到1.2伏；

晚上好好睡一觉，把精力值从0.1伏恢复到1.5伏。

（3）提升精力基准。

通过一些方法，把精力的基准整体提升。

比如：适度的体育锻炼（每天0.5～1小时的中等强度锻炼）可以提高心脏、肌肉对疲劳的耐受度，也就是提高了精力的基准。

同样是小A，在经过适度锻炼后，精力的基准值从1.5伏提升到了3.0伏，那么做同样的事，早上起来精力值是3.0伏，中午可能是2.5伏，晚饭后是2.0伏，睡觉前是1.6伏。

这样，小A一天都能精力充沛地做事，效率提高了，可能多出来一些时间，完成别的有价值的事，他的价值不就提高了吗？

这个方案看上去很完美，但这里面有个bug：我们有很多事情不是自己能掌控的。

比如：很多主播都将直播的时间设在晚上20:00左右，是因为这个时段流量大。

而直播要做好，是需要超强精力的，既要按照自己的节奏讲干货，又要和新来的观众打招呼，还要注意是否有观众提问并进行回应，更要主动与观众进行互动。

主播为了流量，不得不把本来应该放在高能时间段的直播放在精力较差的时间段。看直播也是，虽然大多数直播都有回放，但效果多半不如现场有互动的好。

除了固定日程，一些有截止时间的事项也不得不让我们违反精力管理的原则。

比如，两个事项：事项1是做数据分析，事项2是写部门总结报告，前者是需要分析能力的相对比较复杂的事项，后者是比较流程化的事项。如果两件事情的截止期限都是下班前，都需要两个小时，那么肯定是上午安排做数据分析，下午写部门总结报告。

但如果你的领导要求，必须中午之前提交部门总结报告，因为他需要审核，可能还需要你修改。这样的话，你就不得不在上午提交部门总结报告，下午做数据分析，这样就违反了精力管理原则。

所以就时间表而言，固定日程＞弹性清单的轻重缓急＞精力管理原则。也就是：我们在安排时间表时，首先要安排那些必须固定时间才能做的事，包括：

- 参加他人安排的会议、约会或直播；
- 搭乘火车、飞机等交通工具；
- 上下班通勤；
- 一日三餐……

在这些被动的固定日程安排完后，可以根据精力管理原则，安排自己的固定日程，比如：

- 晚上22:00～23:00之间睡觉；
- 早上起床洗漱后读书、写作；
- 午睡后查看邮件和微信；
- 晚饭后做些轻便的家务……

其次，安排有截止时间的清单，包括：

- 岗位核心工作；

- 领导交办的事项；

- 每年、每季度、每月、每周、每天的必办事项；

- 报销等杂事；

- 理财事项，包括还信用卡、缴水电费、定投基金；

- 每天学习事项；

- 每天健身事项；

- 每天与家人的高质量互动；

- 每天冥想……

在安排这些事项的时候，在不影响截止时间的前提下，可以按照精力分配原则进行清单安排，比如岗位核心工作中，比较复杂的安排在上午，相对简单的安排在下午。

所以，精力管理应该作为排程的一个参考因素，融入日程和清单的排程。

【锦囊11】精力管理包括善用精力、恢复精力和提升精力基准，这些都要落实到排程中。

在珍时 App 中，可以在我的—作息设置—工作日时间作息和休息日时间作息中找到系统默认的精力充沛时间段，把它们改成自己的时间段，系统就会尽量按照善用精力的原则排程。

2.3.3　定制作息，延展生命的宽度

我们之前把精力比作电池，是为了说明精力的消耗和使用问题。但毕竟人不是机器，精力也不完全像电池一样，用掉一点，靠充电就能补充回来。

人作为一种生物，首先需要维持机体的健康。否则生病之后，机体的很大一部分能量都用在恢复健康上，做事的精力自然就少了。

人是千万年生物演化的结果，在没有人工照明（煤油灯、电灯）的时代，人在夜间基本无法工作，所以夜晚睡觉、白天工作是自然选择。长此以往，我们的机体运行遵循一定的生物钟节律，即便晚上灯火通明，大部分人还是会犯困，要睡觉。最明显的例子就是当你到一个有时差的国家后，比如从中国到美国，往往有十几小时的时差，美国是大白天，当地人都在精力充沛地干活，你的身体还停留在中国的夜晚，昏昏欲睡，一般要一周才能调整过来。

2017年诺贝尔生理学或医学奖，杰弗理·霍尔（Jeffrey C. Hall）、迈克尔·罗斯巴殊（Michael Rosbash）和迈克尔·杨（Michael W. Young）三位科学家深入钻研了生物钟的秘密，并解释了其工作原理。他们的研究成果解释了植物、动物以及人类是如何适应这种生物节律，与地球的自转保持同步的。

简单而言就是：

生物钟和你的健康和精力息息相关。你什么时候困、什么时候醒、一天内的体温变化、什么时候荷尔蒙高涨，统统是由生物钟在管理的。

随着研究的深入，三位科学家发现，昼夜节律的紊乱，与内分泌代谢疾病，例如肥胖、糖尿病、高血压、高血脂，严重的脑部疾病，例如阿尔茨海默症，乃至肿瘤的发生发展都有关联。

这项研究其实是在告诉所有人一件很简单的事：

在正确的时间做正确的事，比把要做的事随机排列效果要好得多。

世界卫生组织对影响健康的因素进行过如下总结：健康=60%生活方式+15%遗传因素+10%社会因素+8%医疗因素+7%气候因素。由此可见，生活方式对人的健康影响很大。

以下是由世界卫生组织建议的一天作息时间表：

表 2.3.1　世界卫生组织建议的一天作息时间表

时间	内容
7:00	起床的最佳时刻，醒来后喝一杯温开水，帮助每一个缺水的细胞都重新活力四射。
07:20—08:00	吃早饭。一顿营养全面而丰富的早餐，让你一整天活力十足。
08:30—09:00	避免剧烈运动。早上人体免疫系统最弱，不要做剧烈运动。
09:00—10:00	做困难工作。这个时间段，人脑最清晰，应该用来做最有难度的事。
10:30	让眼睛休息一下。十点半的时候，起来走动走动，眺望一下远方，让眼睛休息，让精神放松。
11:00	吃点水果。上午是一天吃水果的最佳时机，水果的营养可以被身体充分吸收。
12:00—12:30	午餐。丰富的午餐为你的身体增添能量，保证你的能量所需。
13:00—14:00	午休。午休会让你精力充沛，保持健康。逛淘宝、聊天并不能帮你缓解困意，反而会更加困倦，最好的休息方式当然还是小睡一会。
14:00—16:00	做创意性工作。午后是人类思维最活跃的时间，非常适合做一些创意性的工作。想想工作中的改善措施，并付诸实践。
16:00	喝杯酸奶。补充身体流失的能量。
16:00—18:00	做细致性工作。这一阶段，身体和大脑都处于一天的巅峰状态，这时候我们应该做细致而密集的工作。
18:00—19:00	吃晚饭。晚餐要多吃一些比较清淡易消化的膳食，尽量不吃刺激性或油腻的食物。
19:30	运动。晚餐后稍作休息，可以开始健身。你可以选择相对温和的快步走，也可以慢跑或游泳，根据个人需求进行体育锻炼。
20:30	看书或者电视。放松身心，抑或充电学习。
22:00	洗澡。放下一切，洗个热水澡，让身体彻底舒缓下来，精神会随之放松。
22:30	上床睡觉。人的各项器官陆续进入休息期，不要违背身体的自然规律，睡一个好觉，明天又是美好的一天！

当然，表2.3.1只能作为参考，比如它在8:30—9:30建议避免剧烈运动，但并没有建议做什么。另外，22:30—7:00有8.5小时的睡眠时间，对很多人而言

是过于奢侈了。其实，一般成年人的最佳睡眠时间是7.5小时，也就是一个睡眠周期1.5小时的5倍。

对于一些婴幼儿的母亲，很多是孩子在20:00左右睡了，她也睡了，但可以更早起床，比如5:00—6:00，甚至更早。

每个人要做的事不同，通勤时间不同，所以适合你自己的作息表，应该是根据一般的人体节律和自己的个性化工作、生活情况做出的。

这里给出一个我自己的作息表，供大家参考：

表 2.3.2　工作日一天作息表

时间	内容
06:00—06:30	起床、喝水、洗漱、练一套道家养生功法或太极拳（早上机体没有完全苏醒，所以从缓慢的健身运动开始）
06:30—07:00	早餐
07:00—07:30	护肤、浇花
07:30—08:30	读书或写作（这段时间思维活跃，适合做创造性的工作）
08:30—09:00	调整当天计划，通勤，泡茶准备办公
09:00—10:00	做一天中最困难的工作（这个时间段，人脑最清晰。可开启2个番茄钟，即每工作25分钟，休息5分钟）
10:00—11:00	做产品课程，或解决产品疑难问题（开启2个番茄钟）
11:00—11:15	第1次浏览邮件和微信
11:15—11:25	休息
11:25—12:00	检视各部门工作进展
12:00—12:20	午餐
12:20—12:30	看一下市场行情，适当情况下做理财操作
12:30—13:00	午休（我一般会听着冥想引导音频进行午睡）
13:00—13:30	喝咖啡，第2次浏览邮件和微信，并对重点公众号和朋友圈进行点评（人脉类）
13:30—14:00	审核新媒体文章和创意，和新媒体同事进行讨论
14:00—16:00	做创意性工作，如和产品经理讨论产品功能，写入产品需求，也可能安排面试

（续表）

16:00—16:25	喝杯酸奶或吃点坚果，第3次浏览邮件和微信
16:25—17:45	做细致性工作（如跟进项目进度、审核合同等）
17:45—18:00	第4次浏览邮件和微信
18:00—18:15	下班通勤，同时听书
18:15—18:45	吃晚饭
18:45—19:15	与家人聊天
19:15—19:30	学习英语
19:30—19:50	第5次浏览邮件和微信
19:50—21:00	到场馆练习自由搏击或瑜伽，或开启直播，或学习
21:00—22:00	看书学习
22:00—22:10	第6次浏览邮件和微信
22:10—22:30	练习睡前瑜伽，洗澡，上床睡觉

【锦囊12】运用生物钟原理，科学安排作息，不仅有助于提高效率，也能帮助你延长健康的时间。

建议将健康的生物钟作息写下来或打印出来，放在你随时能看到的地方。

本节练习：建立适合自己的个性化作息

可以自己手写一个作息表，贴在自己经常能看到的地方；也可以把它做成电子文档或图片，放在自己最容易触达的场景，如手机桌面、手机屏保、电脑桌面、电脑屏保等。也可直接使用珍时App中针对上班族的默认作息，根据自身情况进行修改。

3

THREE

三种状态，让你不但效率
提高，结果也更漂亮

3.1

想成事，一定要找到三种人

要做好一件有一定难度的事，要管理好事前、事中、事后。同样，要成事，或者说要成为一个成功的人，一定要找到三种人：

走在你前面的人、同行人、需要你帮的人。

3.1.1　走在你前面的人，帮你走得更快、更稳

这个走在你前面的人，最好是你的师傅，也就是一个在人生旅途中能全方位帮助你提升的人。当然，在不同时期，可以有不同的师傅。

如果你是职场人士，初入职场时，有些单位会给你安排一个师傅，如果没有，那么你一定要自己找到一个同岗位的前辈，或者你的直接领导。

我的第一个师傅是进公司时领导分配给我的，他教会我怎么管理项目、怎么出差、怎么与人打交道、怎么向领导汇报工作，带我在3个月内从一个懵懂的毕业生成长为一个能独当一面的项目负责人。

在职场的其他阶段，你也许还能在自己单位找到这样的人，如果找不到，可以在行业俱乐部等社交平台找一个同行的前辈。

我在做部门经理时，我的直接上级——公司的CFO，一位已经财务自由的美

籍华人高管帮助我成为一个具有国际视野的职场经理人。

他们往往能帮你很多，让你快速掌握各种学习能力、技巧，少走很多弯路，提高效率。

除此之外，你可以通过互联网找到"一事之师"，也就是在一件事上走在你前面的人。他不必是大咖，但只要在某方面比你快一点点，就能让你受益无穷。

比如：我在新媒体推广方面的经验较弱，我就会通过以下几种方法找到我的"一事之师"。

（1）找到一些线上、线下的训练营，系统地学习。比如，这本书是我的处女作，虽然我在时间管理上有很多积累，但对如何构思书的整体框架和目录大纲、如何与出版社沟通、如何营销一窍不通。于是我就参加了秋叶大叔的"写书私房营"，不但学到了这方面的知识，还得到了大叔团队手把手的支持，帮我对接出版社。这样，我就迅速突破了自己在出书这方面的短板，写成了这本书并得以顺利出版。

（2）找行业专家咨询，比如可以在在行App上找到某领域的专家，请教专业问题。

（3）找到一些成功人士的行为模板。这包括3种模板：

a.事项模板，也就是做单件事的模板。

- 要写一份好的简历，可以在网上找简历模板；
- 要客观地面试他人，不要被自己的主观印象和对方的虚假陈述误导，可以找多数全球500强企业在用的"STAR"模板；
- 要对他人做有效辅导，让对方心服口服，还能真正落地执行，可以找"GROW"辅导模板；
- 要在短时间内和他人快速建立亲密关系，可以找心理医生亚瑟·阿伦的"36问"模板。

　　b. 项目模板，也就是做好一系列相关事项组成的项目，比如旅游、家庭 party、装修、开发软件，都可以找到这个领域资深项目经理的项目模板。

　　c. 习惯模板。比如我在第二章第三节中描述的就是我自己的习惯，你可以作为参考，并根据自己的情况进行调整。

【锦囊13】找到"一事之师"，帮助你快速掌握某项专业技能，提高相关效率。

　　你可以在珍时 App 的发现 - 模板中心（见下图）中，找到自己需要的事项模板，并进行应用。

图3.1.1　珍时 App 中的事项模板

3.1.2　同行人，不只是让你走得更远

你有没有这样的体验，在某个环境，和某些人一起学习、实践，人就会感觉很舒服，学得也会更快。

这就是社会心理学理论中的"社会促进"效应。

社会促进也称社会助长，指个体完成某种任务时，由于他人在场而提高了行为效率的现象。

社会促进又有两种子效应：

（1）结伴效应，就是在结伴活动中，个体会感到社会比较的压力，从而提高工作或学习的效率；

（2）观众效应，就是个体从事活动时，是否有观众在场，观众的多少及观众的表现对其工作和学习的效率有明显影响。

打卡分享是一种非常好的养成习惯的模式。因为它既有结伴效应，又有观众效应。打卡还有借鉴意义，他人的打卡内容可以对自己有借鉴的作用。

我曾经参加过一个听书稿写作训练营。写听书稿的要求就是把一本书拆成3个大节，每个大节拆成3个小节，每个小节拆成3点细节。

其实这是一种非常符合听众心理的写法，因为人最容易记忆的就是三个点。但是在具体写作过程当中，我碰到了困难。当时我选的是被誉为欧洲巴菲特的博多·舍费尔的《财务自由之路》，这本书其实有两大部分、14个章节，怎样拆成3-3-3的结构呢？我完全没有思路。

后来看了同学的打卡作业，特别是我精读过的书籍的听书稿，才茅塞顿开。一篇好的听书稿并不是把书上的所有内容都摘录下来，一本书有它的精华，但也有一些对于目标听众而言都知道的常识。

比如，这本书里说你应该好好读书，这个对于大多数中国人来说是不言自明的。还有一个观点：金钱是善物，这对于持有"金钱是罪恶的"观念的某些西方

人来讲是有必要讲清楚的，而对于大多数中国人而言，完全没有必要赘言，大家要听的是怎么赚到钱，而不是为什么要赚到钱。

所以，要真正写好一篇有收获的听书稿，关键在于提取书中的新观点，于是我找到了3点：

（1）把财务目标具象化，比如购买别墅、环球旅行，进而理出定量的财务自由目标；

（2）找到低风险高收益的理财组合；

（3）针对自己的能力优势进行刻意练习，引爆收入。

虽然听书稿最终没有被采纳，但后来我将这一方法引用到我的线下时间创富营的沙龙里，取得了非常好的效果，每次都有20%～50%的报课转化率，这说明听众对这些内容是认可的。

如果有时间，参加线下沙龙和训练营是一种更高效的同行方式。我最近在参加一个情绪教练训练营时就发现，虽然大家都有对心理学共同的兴趣，但每个人都有自己的长处和特点，都有一个有趣的灵魂。和这些有趣的灵魂在一起，会让自己的认知放大，也会从他人的实践和经验中获得解决问题的灵感。特别对于在异地的训练营，上课的空余时间大家往往在一起吃饭、住宿，有很多互动的机会。有一次我们在一起吃晚餐，期间有个小伙伴提议做个互动游戏：每个人都说一个自己的独特之处，如果这个点在座的其他人也有，就要和同样拥有这个特点的人互敬一杯。

接下来，我们发现了很多有趣的灵魂：

有小有成就的画家，有曾经师从张艺谋的副导演，有3个孩子的妈妈，有坐拥百亩橙园的直播达人……

于是我们的很多困惑，比如怎样鉴赏画作，怎样拍出有感染力的视频，怎样在养育孩子和事业中获得平衡，怎样快速涨粉，在晚餐中都得到了一一解答。

群体学习不只是能够让学习更持久，也能够让学习更高效。

3.1.3　需要你帮的人，可以帮你显著提升效率、成果

我们通常会认为，向比自己能力强的人学习或者结伴学习，能显著提高自己的效率。但实际上，帮助别人，特别是帮助比你能力弱的人，反而会帮你提升效率。

美国缅因州国家训练实验室曾经研究过学生通过不同的学习方法，学习两周后还能记住多少内容（平均保持率），形成了著名的研究成果：学习金字塔。

第一种，"听讲座"。平均保持率只有5%。当然，这并不意味着我们就要放弃听讲，很多知识是通过讲座、课堂传播的，听讲座至少可以先了解一个新知的大概，如果觉得有用，可以再去找其他的书籍或者材料细细参验。

第二种，"阅读"。这种学习方式，平均保持率在10%左右。阅读比听讲座更不容易开小差，这种学习方式的效率会更高一点。

第三种，"视听结合"，平均保持率可以达到20%。这是因为两种感觉器官共同接收信息，对于记忆更有帮助。

第四种，"示范"，采用这种学习方式，平均保持率可以达到30%。这是因为人对抽象的东西往往不太容易有深刻的理解，如果能够用具体的案例展示出来，就会增强理解，加深记忆。

第五种，"小组讨论"，平均保持率可以达到50%。小组讨论产生了社会促进的现象，可以使组员更加投入，相互补充。更重要的是，在讨论场景下，每个人都会把自己的理解，用自己的语言体系重新表述一次，这样自然而然就加深了理解和记忆。

第六种，"实践练习"，平均保持率可以达到75%；这种实践练习不是在自己的工作中直接运用，而是现场操练。比如学完一个英语单词，马上拿它造句。

第七种，"教授别人"或者"马上应用"，平均保持率可以达到90%。

当你教别人的时候，必须自己理解得很通透，能够用自己的语言把新知识讲

明白，这就是在理解的基础上记忆，是能大大提高记忆效率的。

"教授别人"并不一定需要你成为一个大师级人物。实际上，每个人都有自己独特的工作经历，也积累了一定的经验，而这些经验，对于很多其他没有经历过这类事情的人来讲，往往是非常大的帮助。

比如我有一个朋友，学了几种通过按摩快速改善情绪的方法，他就把相关要领的文字和视频做成模板，发到平台上，帮助大家快速缓解情绪、抒解压力。后来，他碰到朋友有情绪问题的时候，就直接把这个模板推送给他们，大家亲测有效后，觉得他是一个很有趣且乐于助人的人，便愿意多跟他交往。久而久之他遇到了一些贵人，为他的事业提供了很多帮助。

帮助别人，就是帮助自己。

而"马上应用"，则体现了知行合一的智慧。衡量是否真正理解最好的方法，就是能否真正应用。而真正运用，又能够加深理解。

我曾经参加"樊登读书"举办的"十万个创始人"低风险创业训练营。一开始我只是作为学员，感觉都听懂了，但实际真正运用的时候，就感觉虽然知道有这么一种方法，但实际上怎么用还是不明白，比如"二次反馈"。

后来我做了低风险创业教练。在讲到这个概念时，为了跟学员讲明白，我必须举一些生动的案例。于是我会在实际工作中遇到事情时去寻找应用机会。

这种机会说来就来。某次，公司一位测试员针对产品需求是否让用户有好的体验，向产品经理提出了异议，我知道后便表扬了他。这是所谓的"一次反馈"——及时给当事人传递出自己对某件事的评价；同时我还对表扬的原因进行了说明：用户体验对我们来讲是至关重要的，这决定了我们的用户是否会留存下来，是否会长期使用我们的产品。负责撰写需求的产品经理未必能对用户体验考虑得非常周全，所以尽管这方面超出了一个测试员的工作范围，但他能够站在用户角度及时提出自己的看法，这点对公司是非常有利的，所以我要表扬他。这便是"二次反馈"——进一步对自己的评价做出说明。

在这个过程中，我把"二次反馈"应用到自己的工作实践中，并且把它作为每个学员都能听懂的生动案例进行了拆解。后来我在工作中对"二次反馈"的应用便相当自如了。

【锦囊14】分享自己掌握的技能，帮你显著提升效率、成果。你可以在朋友圈、今日头条、知乎、小红书、抖音、快手、视频号等平台用图文或短视频形式分享，也可以在平台上用短视频形式分享，还可以在珍时App中做成模板分享。

本节练习：在珍时App中应用或创建一个事项模板

　　你可以在珍时App中的"发现—模板中心"找到3种模板：事项模板、作息模板和项目模板。

　　点自己感兴趣的模板，创建一个内容。

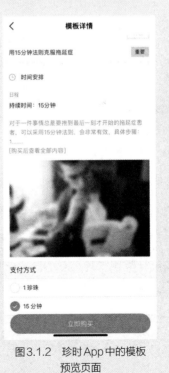

图3.1.2　珍时App中的模板
　　　　　预览页面

3.2

清单革命，助你做一个靠谱的人

3.2.1   在美国的一次惨痛经历让我重视清单

我是一个非常遵守约定的人，但有一次在国外度假，我却延迟了近一周才回国。我的上级对此严重不满，觉得我是一个不靠谱的人。

事情的经过是这样的，有一年我和家人去美国中西部地区旅游，一路自驾去了黄石公园、科罗拉多大峡谷、拉斯维加斯、洛杉矶、旧金山，最后准备从旧金山回国。

就在回国前一天的下午，我们一家人开着车去超市，采购带给亲友的礼品。我们把车停在超市停车场，等我们满载而归时，却发现车窗被砸烂，车里的很多物品不翼而飞，其中包括护照和几张信用卡。信用卡的问题很快解决了，打电话找银行紧急挂失，被盗刷的钱也不多，并且一部分钱事后也追了回来。最关键的是护照丢了，没法坐飞机回国。虽然我们立即拨打了911报警电话，但是警察只是例行公事地询问了一番，给了张受理单后就杳无音讯了。

之后我们不得不到旧金山总领事馆排队申领旅行证，因为办护照要两周时间。申领旅行证需要至少本人两种证明，比如身份证及护照的复印件，但是当时并没有事先准备护照的复印件。领事馆工作人员建议我还是想办法找到相关凭证，不然就要等国内协查，估计需要两周时间，这是我没有办法接受的。

于是我在手机、电脑里到处翻找，看之前是否曾经保存过护照的照片，结果一无所获。最后终于灵光一闪，想起我曾经在平安集团旗下的陆国际进行境外理财时提供过护照，刚好我跟陆国际的CTO还比较熟，于是打电话，他安排技术人员从后台找到我的护照照片发过来。等这一切处理好，已经是周五晚上。领事馆不但周末放假，而且周一又正好是美国的一个节日也放假，结果不得不再等三天，到下个周二再去办理。

周二到达领事馆，又因为人太多，排队一个多小时才拿到旅行证。那时候离航班的起飞时间只有两小时了。最后我们下车一路狂奔，总算赶上了航班。

相比国外而言，国内确实安全得多，至少我从来没有碰到过类似的偷窃事件。

出门在外，很难避免意外的发生，而且人生地不熟，应对是很麻烦的，我们必须要准备一个出远门的携带清单。

其实我之前就知道出国应该带上身份证和护照的复印件，以备不时之需。但当时没有重视，觉得自己平时很谨慎，不会丢失这么重要的东西，而且自己出国很多次，从来没有碰到过类似问题，也就掉以轻心了。

可实际上天算不如人算，你无法保证意外不会发生。我的一个朋友曾在纽约繁华的第五大道大白天行走时被抢夺了装着护照的皮包。所以，列一个清单，是非常必要的。就像我这个例子，其实也就是少带了几张复印件而已，但是最后导致我在美国多了一周的开销，更重要的是上司对我的信任程度大打折扣，对我后来在这家公司的发展造成了严重的影响。

所以在重要的事项上，特别是涉及外出，很多东西不能像在家里随手取到，一个携带物清单就非常重要了。

3.2.2　便携清单，不只是避免浪费时间

好了，我们现在有了一张出国旅行的携带物清单，包括以下物品：

含有效签证的护照、邀请函（商务）、旅行保险单、国际驾照、身份证、证件复印件、信用卡、当地货币、换洗衣物、洗漱用品、剃须刀、护肤品、化妆品、手机、充电宝、充电器、当地电源转换插头、眼镜、墨镜、钥匙钱包、折叠伞、保温杯、耳机、书籍、常用药品、零食。

清单可以自己想、向有经验的人咨询，或者在网上找相关提示。

列出清单以后，最重要的是先检查一遍，自己的物品是不是都是符合需求的？比如护照、签证，是否符合所去国家对于有效期的要求；比如，电源转换插头是否在目的国可以使用，如果不能用，需要提前在国内购买。因为到了国外，网上购物一般不像国内这么便捷，如果需要辗转多地旅游，那就更不方便了。当然你可以选择到商店去购买，就像我那次在旧金山财物被窃以后，手机的充电器和电源线也一同被窃了，于是我只能开车到20千米之外的Bestbuy去买，结果只能买到一根三米长的线。可实际上我并不需要那么长的线，价格又贵，用起来还麻烦。

另外需要注意，在国外租车时，很多租车公司只认可国际驾照，需要提前在专门的网站申请。其实这个所谓的国际驾照只是一个中国驾照的翻译件，但是靠这个驾照在各个公司都能够租到车。这其中更大的好处是，某些申请国际驾照的网站同时也能提供国际租车业务。我们在国内就可以从容地选好想租的汽车，免去了到国外与当地注册公司的柜员沟通的麻烦。更重要的是可以避免柜员不必要的向上销售（upselling）。比如我在盐湖城提车时，柜员听说我要去黄石公园，就积极向我推荐价格高很多的4轮驱动车，理由是爬山一定需要。但实际上我之前在注册网站事先做了功课，知道黄石公园坡度并不陡，普通汽车也可以，才能拒绝他的推荐。

那么是不是只有在外出的时候才需要物品清单呢？

其实也并非如此。比如我前段时间在备考金融理财师（AFP）考试的时候，我需要几样东西同时在手。除了刷题用的电脑，还需要一个金融计算器、相关书籍、草稿纸、笔等。这些物品都必须在手边，方便随时取用。因为刷题的时候是需要非常专注的，所以一般我都会使用番茄钟提高效率。用过番茄钟的读者都知道，番茄钟的要领是：当你一旦开始番茄钟的专注时间时就要全神贯注地做当下这件事情，而不能被其他的事情打扰。

当我最开始刷题的时候，就曾经发生过这样的情况：打开电脑做题，发现有些题目需要在草稿纸上写中间步骤，这时候站起来去找草稿纸就耽误了两分钟。实际上耽误的时间还不止两分钟，因为刚才的思路被打断了，再回到原来的思路、回到原来的速度，估计又得花两分钟时间。然后刷着刷着又发现有些题目需要用金融计算器，我又起身去找金融计算器，偏偏前两天我用过金融计算器忘记放回原来的地方了，于是翻箱倒柜找了20分钟才找到。这个时候我制订的一个番茄钟差不多就过去了。等我刷了几道题目核对了一下答案，发现有一些题目涉及的知识点我没掌握透彻，于是又起身去找书。这样又把原来的思路和节奏打乱了。

最后我统计了一下，这一个小时我只刷了10道题。

后来我把所有刷题要用的东西都放在手边，这样我一个小时可以刷30道题。其中做题花了45分钟，另外15分钟用来检查题目错的地方，如果是因为知识点有疏漏，那么再看书中相关的知识点。这样的效率提高了整整两倍。

当然这还只是个人的效率受到了影响，如果是一个交互式的行为，比如直播，那可能就会导致翻车。我在初做直播的时候，有一次讲解要用到一个实体番茄钟进行示范，还需要用到一本书，当我要用它们的时候发现不在手边，于是不得不临时暂停直播，去抽屉里和书架上到处找。等我再上线时，直播间的人已经走掉了一半。

对于自己尚未使用过的物品还需要事先练习，达到能熟练使用的程度。我在直播时要讲的知识密度比较大，在长达两小时甚至更久的直播中，要记住那么多的知识点几乎是不可能的。之前我的做法是把电脑打开，如果忘了某一个点就去看一下电脑，但这样给观众的观看体验很不好。所以我特意买了一个提词器，尽管东西收到以后也试用了一下，感觉自己掌握了，但在实际直播时发现，字幕滚动的速度过快，需要调节速度时我居然不记得应该怎么调整。尝试调整了一下，又错按成了暂停键，于是我手忙脚乱地操作了一番。等我总算靠着说明书弄明白提词器怎么使用时，直播间里的人几乎都跑光了。估计观众都在想：这个人怎么这么不专业。

所以我们在做一件事的时候，如果需要用到一些物品，最好的办法就是在计划做这件事情的时候，把所有的物品写下来，然后把它们找齐，找到一个勾掉一个（如图3.2.1）。如果发现有缺的或者不符合要求的立即补齐，如果碰到没用过的东西更需要我们事先操练一遍，这样才能在做事情的时候不至于手忙脚乱，从而提高效率和质量。

图3.2.1　珍时App中的物品清单

【锦囊15】准备物品清单并一一勾销，不但能节省时间，也能节省金钱，还能体现你的专业度。

3.2.3　为自己的账户储值

我一向自以为是一个靠谱的人，但有一次却让我的老板认为我极端不靠谱，而且还动了"杀心"。

事情的经过是这样的，那时候我是一家公司IT部门的经理，负责整个公司的软件开发和系统运维，其中一项工作就是要确保公司的网站24小时运行，因为用户是可能随时下单的。有一次我们监控发现网站不能访问了，托管机房的运维人员重启了服务器，但于事无补。于是我就带着核心技术人员赶赴托管机房。公司网站不能正常运转，老板当然非常着急，于是频频来电话催促。我劝老板这个时候尽量给我点时间，不要来打扰我动脑筋，因为我要根据现场的情况做一些复杂的技术决策。

其实我是很了解这位老板的，尽管我这么说了，但我预计他还是会频频打过来。但当时确实有相当长一段时间没有电话进来，我还以为是自己的话起了作用，于是专心处理问题。

等我处理完问题想拿起电话给老板报喜时，却发现我的手机坏了，我身边的那位同事的手机也没电了。我们去得比较匆忙，又没有带充电宝，想想反正事情已经解决了，也不着急这会就联系老板，一会儿回了公司当面和老板说吧。

结果回到公司发现老板的脸色非常难看，问我为什么他打了100个电话我都不接。他当时急得像热锅上的蚂蚁又感觉到非常无助。事后他说他当时真有点动了"杀心"想把我换掉了，虽然我跟他说明情况后他表示了一定程度的理解，但是他希望我能够换位思考，理解他当时的心情。我是公司技术的顶梁柱，出了问题我又失联，他真不知道如何是好。当时他感觉就是我太不靠谱，即便我其他方面再厉害，也是不能再用了。

我非常理解他的心情，特别是我自己做了老板以后，碰到类似事情也是同样如此。所以后来我随身携带两个手机、两个充电宝。因为怕一个电量用完，或出现别的意外状况。另外我还设定了呼叫转移，如果一个号码呼叫不通，其中一个手机就自动转接另外一个手机，确保自己的通信是畅通的。

后来这位老板终于慢慢地恢复了对我的信任，也将更多的工作交给了我。比如呼叫中心系统原来是由行政部管理的，但是老板觉得他们没有管好，经常出故障，出现故障后的做法就是把事情推给供应商。而老板要的是一个结果，就是保证呼叫中心要有99.5%的可用率。当时我们的呼叫中心是全年无休，每天从上午8点到晚上8点，也就是一年4380个小时，那么允许的故障时间只有21.9个小时。如果还是像以前那样出了问题就找供应商，那么供应商抽调人员过来路上起码需要花一小时的时间。到了现场如果发现某些设备需要更换，那么调货过来可能又是两个小时，如果再碰上当地没货，还要从别的地方运过来，那一天24小时就过去了。老板看我做事比较靠谱，就把这项工作交给了我。

我接手以后就和运维人员、供应商一起列了一个故障处理清单，对于每种故障的现象都列出检测方法和紧急处理机制，确保在大部分的故障情况下，30分钟之内就能够至少恢复通话。接手当年，我就把系统可用率提高到了99.8%，第二年提高到99.9%。

我们在他人心里的靠谱程度，其实也可以看作一个账户。

当你做了一件不靠谱的事情，就相当于在这个账户上"提款"；当你做了一件靠谱的事情，就相当于在这个账户"存款"。

不论是物品清单还是故障处理清单，其实都是自己或他人经验的沉淀，也是为自己的靠谱账户存款。当你的靠谱账户存款达到一定程度时，就会有更多的人来请你做一般人做不到的事情，你自然会收到越来越多的回馈，这其中肯定有一部分是地位和收入上的提升。

当地位和收入提升后，你就可以拥有更多的靠谱资产，为靠谱账户增值。比如我可以拥有一个备用手机来确保我的通信畅通，我可以通过对呼叫中心和强电系统的全面掌控和提升，把我自己的靠谱范围从软件开发网络运维扩大到支撑整个公司业务运营的系统升级和保障。

为靠谱账户储值与收入和地位提升互相促进，是一个非常好的良性循环。

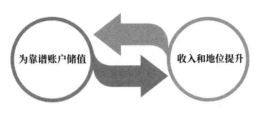

图3.2.2

本节练习：在近期出门前尝试为自己做一次物品清单。

如外出会见客户时，需准备的便携清单：

销售彩页、产品资料册、名片、充电宝、数据线、电脑、移动硬盘、耳机、消毒纸巾。

也可用珍时App添加携带物清单，确保不遗漏。

图3.2.3　珍时App中添加携带物页面

3.3

进入"心流"状态，体验美好感觉

3.3.1 你的焦虑不安，可以用工具缓解

第一次出国前的两周时间，我心里总是有一种挥之不去的不安，总是觉得好像有什么东西忘记了，可能会造成很严重的后果，但是又实在想不到，到底是什么问题呢？护照办好了，签证签好了，该带的培训用具：电脑、笔记本、摄像机准备好了，以防万一的常用药也备好了，旅行保险也买了，洗漱用品、替换衣服都带好了，信用卡也带好了，也准备了一些零用的美元现钞，应该什么都备好了。但为什么总是感到不安呢？

这种情绪多多少少影响了我的工作状态。那段时间我正在备考MBA，本来我能高效地在上班时间干完活儿，下班专心复习。结果，在出国前的两周，我天天加班，晚上回家后筋疲力尽，几乎没怎么复习。几个月后，我在全国联考中以2分之差落选目标院校，被调剂到了东华大学。

这个情况和著名心理学家、积极心理学奠基人米哈里·契克森米哈赖在他的代表作《心流》中描述的"胡里欧的破轮胎"案例非常相似。技工胡里欧因为车胎没气了，又一时凑不出钱补胎，心里老是担心不能按时到岗，产生了"内在失序"，即自我的内在秩序受到了打扰，效率严重下降。于是本来能轻松完成还能

同时和同事说笑的胡里欧那天动作缓慢，耽误了全组的工作进度。

我如果是像胡里欧那样的"月光族"，可以临时找同事借钱解决问题。但现在的问题在于我不知道到底是什么漏掉了，就无法解决。

最终答案在机场揭晓：我居然忘了带美方的邀请函。因为我签的是商务签证，按当时的情况是一定要有对方公司的商务邀请函作为佐证的。我一下慌了神，问我的老板，一位经常来往美国和中国的美籍华人，这种情况应该怎么办。

她皱了一下眉头，说国内航空公司已经帮你打出机票了，万一你在美国入不了境，他们是有义务免费帮你送回来的。当然，我知道，她只是在宽慰我，因为事已至此，再责备我也没有什么用处。

还是尽量想办法成功入境吧。如果这次不能入境，浪费去程的机票还是小问题，最关键的是耽误了项目的时间，而且留下了一次拒绝入境的记录，对再次去美国可能会带来不便。

到了美国，在海关柜台前，我非常紧张地看着面前的那位白人海关官员，他正在非常严谨地询问我前面的一个亚裔面孔的人。那人面带微笑，用流利的英语跟他沟通了整整十几分钟才被放行。我不由得担心：我的英语还不如他那么流利，再加上缺少邀请函，顺利通过的概率可能很低。

最后我是非常幸运的。海关官员问我来美国干什么，我说来买一套软件，这也确实是事实，我是去验收的。可能是由于前面那个人太耽误时间了，他要追回一点进度，也可能是我说的这个理由，让他产生了国民自豪感，总之在他问我，去哪家公司买什么软件时，我还没回答完，他已经把章盖上了。

虽然这次有惊无险地过了一关，我没栽在这里，但几个月后栽在了MBA入学考试上，可谓教训惨痛。

无独有偶，再次出国时，一位同事忘了带他的必备常用处方药。他有严重的前庭失调症，不仅晕车、晕船，甚至晕电梯。我们坐电梯的时候，他总不愿意跟我们一部电梯上去，因为我住18楼，另外两位同事住21楼，他住25楼，电梯每停一下，他都会很难受。

于是我发现落东西其实是每个人都会遇到的正常现象。人同时能够记住的，也就是5~9件事情，再多就不可靠了。现在我们还能用笔记下需要记住的事情，但是在没有发明文字的远古时期，只能凭记忆记住所有的事情。所以大脑就产生了一种机制：需要被记住的事情会不断闪回在脑海里，让我们突破5~9种事情的短期记忆的局限。

但是很可惜这种机制并不可靠，很多时候尽管我们感觉到有什么事情好像忘记了，但是怎么都想不起来这件事情是什么。就像我忘记带邀请函那样。

内在秩序被打扰时，人就会分出一部分注意力应对，那么用于处理其他事务的注意力就相对减少了。

还好我们有了文字，可以把这些信息记录、储存下来，等到需要的时候再拿出来看，这就是工具的作用。

最可靠的方式，就是当每次想起要带某样东西或者要办什么事的时候，立即把它记在手机里，然后定期拿出来整理，或者在觉得忘记什么事情的时候拿出来看一下，这样就不会漏掉重要事项。

3.3.2　用待办事项、未来愿望清空大脑

我曾经做过多个4倍速的项目，就是运用同样的资源，在3个月内完成别人1年才能完成的项目，或者在3个月内用25人完成某互联网大厂100人才能完成的项目。当我在做这些项目时，我会感觉有一股力量带领着我勇往直前，让我心无旁骛、百折不挠。这就是所谓的"心流"状态。

心流，就是一个人完全沉浸在某种活动中，无视其他事物存在的状态。这种体验本身会为人带来莫大的喜悦。

我的两个4倍速项目，一个给我带来了近4倍的收益，也就是我3个月拿到了

11个月的薪水；另外一个因为属于初创企业，老板并没有给我任何额外的奖金，但是两个项目给我带来的喜悦基本是同等程度的，因为当时的我已经完全沉醉在那种自我突破的状态中了。虽然期间碰到了很多问题，但我和团队每次都能想出办法克服，向着目标猛冲。最后我的团队成员们也都觉得奇迹般地完成了不可能完成的项目后，以后生活、工作中似乎也没有什么困难会让自己感到恐惧了。

那么当时我们是怎么做到的呢？最重要的就是心无旁骛。这个说起来容易，做起来难。一个职场人士，除了他的本职工作，可能有同部门或跨部门的同事寻求合作或帮助，可能有上级或者下级随时找他处理事情，家里可能还有老人需要赡养，有孩子需要照顾，需要考虑每天的生活开支，考虑理财，还有亲朋好友的聚会、联络，还要适度进行健身锻炼、充电学习、休闲娱乐……每天岂止是5～9件事情，我们每天起码有二三十件事。

所以我们的方法是，在专心做项目时，一旦有和项目不相关的事情，除非十万火急必须立即处理，否则就先记到待办事项里面，然后定期清理。

比如我的习惯是，每天晚上睡觉前都会把所有的待办事项清理一下。

具体的会有以下几个分类。

（1）这件事情已经可以确定具体时间，就记为固定日程。比如说一直想和某一个认识了一段时间的大咖谈合作，之前双方时间都不能确定，现在他给我回了一条微信，说明天下午2点有空谈一个小时，那么我就立即把它记到日程上。

（2）一件事情并非需要固定时间，但有个截止期限，我就把它记在清单里。比如我一直想去体检，但疫情期间没法去，并且我的那张体检卡快过期了，我马上把预约体检这件事记到当天的清单里，然后排到第二天合适的时候，截止时刻是体检机构预约中心下班前。一般我会把这类事情排在午睡刚醒后，这时候效率不高，预约也不太耽误时间。

（3）一件事情已经不需要做了，那就及时删除。比如有个同事向我请教一个软件的使用方法，我当时在忙，于是打算在项目结束以后抽时间教他，但也建议他找其他同事帮忙或在网上寻找答案。后来有一次碰到时他告诉我，他等不及，已经找到答案了。那么这件事情就可以取消了。

（4）已经不经意顺手完成，就把它标记为完成。比如有段时间我的办公背包有点损坏，我一直想买一个好的背包。无论是网购还是到商店里去买，肯定需要半小时到一小时。有一天，太太送给我一个背包，那这个事项也就完成了。

（5）在可预见的未来还不能实现的愿望，就把它记为未来愿望，然后每个月回顾一次，如果哪天变成了上面四种情况的一种，就做相应处理。比如，我在美国电影《蚁人2》中看到旧金山九曲花街（见图3.3.1）（朗伯德街，Lombard Street，世界上最曲折的街道，总共有8个急转弯道，因其迂回多弯而出名），特别感兴趣，很想哪天开车体验一番，于是把它记录在未来愿望中。后来有机会去美国中西部自驾游时，最后一站是旧金山，于是我在做行程规划时，就把未来愿望的页面打开，把"开车驶过九曲花街"转变为日程，作为行程的一部分。最后，在预定的那一天，我和家人开着车，沐浴着5月的阳光，缓缓地驶过花海中的九曲花街，完美地实现了这个愿望。

图3.3.1　旧金山的九曲花街

人脑的即时记忆就像电脑中的缓存，不是硬盘，不能存储太多的东西。如果我们有太多的东西要记住，就应该在知道或想起这件事时，立即把它记到待办事项，然后每隔一段时间处理一次。

这样做的好处，不仅不会让你忘记重要事项，更重要的是，有了这种机制，我们不会漏掉重要的事情。当需要专注做事的时候，这种"我是不是漏掉了什么重要东西"的杂念再次降临时，我们可以轻松地向它挥挥手，告诉它：我不需要你，你到旁边歇着去吧。这样的话，我们就可以心无旁骛、专注当下，更容易进入心流状态，达成高效率，体验到心流的幸福感觉。

【锦囊16】随时记录待办事项、未来愿望并定期处理，以便清空大脑，更久地停留在心流状态。

珍时App中可以随时录入待办事项（见图3.3.2），只需要录入一个事项标题。以后，你可以根据情况将它转为日程/清单，或设为未来愿望，或完成，或删除。

图3.3.2　珍时App中的待办事项

3.3.3　用艾宾浩斯记忆法，知识记得又快又牢

我们经常碰到的问题是：学了很多东西，当用起来时，发现好像都忘记了。

比如有一次我和家人吵起来了，我意识到我应该用"非暴力沟通"，但具体的操作方法却完全忘记了。欧美国家有些人索性把非暴力沟通的4个步骤：观察、感受、需要、请求写在手上，每次需要沟通时，抬起手来看一下。

当然，我估计大部分人不会采用这种方法，一是手脏，二是我们勤洗手就洗掉了，三是我们要记的东西太多，两只手写完了都记不下。

所以，我们还是要掌握一些防止遗忘的方法。

德国的一位著名心理学家赫尔曼·艾宾浩斯（Hermann Ebbinghaus）做了一个非常著名的实验：他选用了一些没有意义的音节，毫无规律的字母组合，如asww、cfhhj、ijikmb、rfyjbc等。他通过自我测试，得到了一些数据，又根据这些点描绘出了一条曲线，这就是非常有名的"艾宾浩斯遗忘曲线"（见图3.3.3）。

假设初次记忆后经过了x小时，那么记忆率y近似满足$y=1-0.56x^{0.06}$。

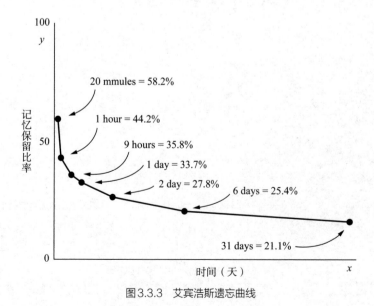

图3.3.3　艾宾浩斯遗忘曲线

　　这条曲线告诉人们，学习中的遗忘是有规律的：当我们学了一个新知识，很快就会开始遗忘，而且在这周后的两天内就会遗忘一大部分。随着时间的推移，遗忘的程度大致是先快后慢，20分钟后遗忘41.8%，1小时后遗忘55.8%，9小时后遗忘64.2%，1天后遗忘66.3%，2天后遗忘72.2%，6天后遗忘74.6%，1个月后遗忘78.9%。要想减少遗忘，就要在特定的时间内重复温习。按照以往规律，要在学习后的20分钟、1小时、2小时、1天、1周天、1个月、3个月这些时间节点重复温习，这样我们就可以实现短时记忆向长时记忆的转化，把知识记得更加牢固。

　　有人做过一个实验，两组学生学习一段课文，甲组在学习后不复习，1天后记忆率36%，1周后只剩13%；乙组按艾宾浩斯记忆规律复习，1天后保持记忆率98%，1周后保持86%，乙组的记忆率明显高于甲组。

　　我两年前参加了金融理财师（AFP）考试，这个考试的通过率是30%，还是有一定难度的。考试的核心虽然主要是理解和计算，但也有大量知识点是需要记忆的，比如衡量投资产品优劣的夏普比率和特雷诺比率。这些内容必须记住公式，不然考到了相关题目，肯定无法解答。

　　备考期间我正在创业，平时工作忙碌，没有办法根据辅导老师的安排花足够多的时间去复习。于是我就采用了艾宾浩斯记忆法，把一些难记的知识要点放在一起重点学习，隔20分钟、1小时、2小时、1天、1周各记了一次；当然我没去用到1个月后、3个月后，因为我下决心考试的时候就只剩下不到1个月了，但也取得了很好的效果，最终考试顺利通过了。

　　很多人是用纸写复习计划，可能过段时间这张纸就找不到了；也可能定了闹钟，但你定的这个时间正好在做其他事，你也做不了。珍时App就考虑到了这个需求，在你学习的第一天尽可能给你找出合适的时间段，让你在第一天能尽量满足20分钟、1小时、2小时的时间间隔，然后在后面1天、2天、1周、1个月、3个月的间隔时段，运用清单自动排程方法给你自动找出合适的时间段，确保你能够真正地贯彻艾宾浩斯记忆法。

　　同样，当我们能熟练地使用艾宾浩斯记忆法时，我们处理各类事物的效率也大为提高，这也有助于我们进入心流状态，体验不断突破自己的美好感觉。

　　【锦囊17】对于不太容易记忆的知识，可以运用艾宾浩斯记忆法高效地强化记忆。

　　在珍时App中设置艾宾浩斯记忆重复事项，系统会自动给你排出8个记忆的时段（见图3.3.4）。

图3.3.4　珍时App自动排出的8个艾宾浩斯记忆事项

本节练习：在笔记本或珍时 App 中随时记录并定期处理待办事项和未来

愿望（见图3.3.5）。

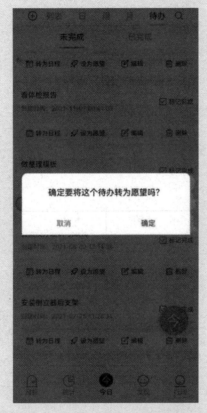

图3.3.5　在珍时 App 中将待办事项转为愿望

4

FOUR

拥有一个智能秘书

4.1

轻松搞定一周100件事

4.1.1　这两件事哪件更紧急？90%的人都错了

假如现在是周一早上9:00，你现在有两件事：A事项今天18:00要交付，耗时半小时；B事项明天18:00交，耗时2小时。你会先做哪件事呢？

根据调研，90%以上的人都会选择先做A事项，原因是A事项的截止期限更早，所以更紧急。

当你看到这里，恭喜你，获得了一个超越90%以上人的认知机会。

答案应该是B。

原因有以下3个。

（1）我们每天要做的事情很多，可能有一些固定时间的会议，可能有比A、B更重要的事项，所以经常发生的情况是，我们做了一堆类似A的耗时较短的事，等到要做B或者更重要的事时，发现时间已经不够了。

（2）我们经常会碰到一些临时插入的事项，比如领导突然安排一项紧急工作，客户打电话来抱怨，快递打电话让你签收，同事有事情找你帮忙。一不小心，时间又不够了。

（3）如果你的工作很容易被打断，那么你预估两小时可能是不够的。调查研究显示，企业员工每11分钟就会被打断一次，他们每天有1/3的时间花在从干扰中恢复工作状态。多耗费的时间视任务的难易程度而定，就简单任务而言，时间成本小于等于25%，而复杂任务的成本则高达100%或以上。也就是说，你原来打算花2小时做完的事，最终花了4小时。

那么，是不是耗时更长的事项更紧急呢？

也不尽然，我们做个夸张的比较，假如事项B一个月后才需要交付，那它还比A紧急吗？

只有两件事的时候，我们拍拍脑袋大概能想明白，那么一天中可能有20件事，一周中可能有100件事。怎么来确定哪件事先做，哪件事后做呢？

所以，我们需要一个定量的比较准则，对很多件待办事项的紧急性进行排序。这里，我们可以用到生产与运作管理的概念：关键比率（Critical Ratio，CR）。

CR=（最晚截止时刻 - 当前时刻 - 之间吃饭、休息时间）/耗时

关键比率值越小，则对应的事情越紧急。

假设中午吃饭、休息时间为1小时，那么对于事项A：

CR=（9-1）/0.5=16，也就是你有16倍的时间来完成事项A。

那么对于事项B：

CR=（18-2）/2=8，也就是你有8倍的时间来完成事项B。

很显然，事项B更紧急。

即便有100件事，我们按照这个公式计算，也能把这100件事排序，然后一件一件进行排程。

4.1.2　运用智能技术，20分钟搞定一周计划

你是不是准备撸起袖子进行一周的排程了？且慢，还有一些原则是排程必须

考虑的。

（1）要事优先。

很多人觉得一天忙忙碌碌，但没什么成果，或者总有做不完的事，弄得身心俱疲。而他们的某些同事，看似闲庭信步，但不经意之间已经赶超到前面去了。这是为什么呢？

成功其实很简单，你只要在正确的时间，用正确的方法，做正确的事情。其中最重要的是做正确的事情。

我曾在一家500强企业担任高管，刚入职时的工作状态"不是在开会，就是在开会的路上，或是在忙和会议相关的事"。每天工作排得满满的，还经常要加班。我其实也很努力，做了很多事，但年底考评，绩效只得了个中等的C。

我的领导在考评时对我说："我们公司的大部分干部都是内部提拔的，招你这个空降兵是希望你能带来一些新的东西。现在的你看似做了很多工作，但还不如你的前任，一个从内部培养起来的干部。其实你收到会议邀约不必都去开，有些会你可以安排下属去开，有些会你可以不开，向会议主持人要份会议纪要就可以。关键是你要腾出时间思考，怎样充分发挥自己的能力，为公司做更大的贡献。"

这些话让我醍醐灌顶，这家公司是做电话外呼销售的，虽然业绩很好，每年净利润30多亿，但已经有很大的隐忧：潜在客户越来越不愿意接电话，即便愿意接，通话时长也在变短，年轻一代的潜在客户更喜欢通过互联网沟通，有些手机软件还根据用户的反馈把我们的外呼电话设为"骚扰电话"自动屏蔽……虽然公司每年业务额不断增长，但基本都是靠新招人力堆上去的，随着公司规模的扩大，每个新人带来的边际利润在不断下降，个别分中心甚至出现了长期亏损。

而我来自互联网行业，擅长互联网的打法，应该充分发挥自己的优势，帮助公司实现转型。于是，我推掉了很多会议，经过深入思考后形成了自己的创新思路，并与业务部门充分沟通后向上级提交了将业务从单一电话销售转变到电话、网站、移动互联网三位一体的"航母计划"，得到领导的充分认可，在实施后给公司注入了业务增长的新活力。于是我的考评一跃成为 A，获得了公司的长期激励奖。

所以，时间管理最重要的是——做与自己的目标高度相关的重要的事。对于普通员工，可能是个人绩效的大幅提升；对于中层管理人员，可能是团队绩效的大幅提升；对于高管，可能是对公司战略的领会和创新性执行；对于创业者，可能是公司战略和关键策略的确定。

首先要纳入排程的是重要的事，而不是紧急的事。

当然，在同样重要的前提下，越紧急越优先。我们在排程时的一般原则是：按重要性排序，在同等重要的事情中，再根据关键比率按紧急性排序。

（2）高能难事。

根据要事优先原则大致排好顺序后，我们是不是根据时间轴一件一件往下排就行了呢？

如果你在今天下午14:00接到了一个分析类的重要事项，要在3天后交付，耗时3小时，是不是应该马上开始做呢？其实不一定。

人的精力状态一直在变化，一般上午精力充沛，分析能力强，适合做分析类的事，而下午更适合做常规类、沟通类的事。所以，如果明天以后的时间不是都充斥着重要事项的话，可以把这个事项排到明天上午。

（3）让道逻辑。

如果我们只是机械地把事情按照重要性、紧急性排序，然后根据高能难事的原则进行微调，可能还会碰到有些不重要但紧急的事情迟迟不处理，最终变成重要和紧急的事，需要花更多时间去弥补。

最简单的，还信用卡、交水电煤费这类事，和你的目标并没有高度相关，所以肯定不是重要的事。但如果你逾期不还、不交，很可能就会面临信用受损，导致房贷申请受阻，或者贷款利率偏高的严重后果。

还有一些不重要、不紧急，但也不能完全不做的事，比如休闲娱乐。它能补充精力，使意志力得以部分恢复，反而能提高做重要事情的效率。

对于这些不重要的事，不能简单地排在重要的事情之后。如果某些重要、不紧急事项的CR值在10以上，也就是还有10倍的时间可以做这件事，那就可以把一些CR值偏小的不重要但紧急的事项插进来。我把这个原则称为"让道逻辑"。有点像在美国，一旦听到警车鸣笛，在警车前面的车都会自觉地靠边，硬让出一条道让警车快速通过。

另外，一天之中有高能时段、一般时段，也有垃圾时段，完全可以把这些不重要的事安排在一般时段和垃圾时段中完成。

综合以上这些排程原则，我们就可以对所有要做的事进行如下排程。

（1）列出自己的高能、一般、垃圾时段。

一般而言，以下4个时段最为清醒：

a.清晨起床后；

b. 8:00—10:00；

c. 18:00—20:00；

d.睡前1小时。

当然，每个人的情况有所不同，可以通过实践，摸索出自己的高能、一般、垃圾时段。

（2）将各类事项根据轻重缓急进行排序。

根据与目标的关系，将各类事标为重要、不重要，然后算出各自的关键比率，先按重要性，再按关键比率进行排序。

（3）根据要事优先、高能难事、让道逻辑三个原则对待办事项按照时间轴一件一件进行排程。

当然，手工排程会很麻烦，我们可以借助手机的高速运算功能。比如珍时App可以对100件事情在1～5秒之内排程完毕，相当于拥有了一个超牛的智能秘书。更贴心的是，当临时有事情插入时，排程功能可以立即根据新的情况，对于所有未完成的事项在1~5秒之内重新排列，避免了很多人出现"计划不如变化，不如不做计划"的窘境。

【锦囊18】运用智能技术，可以只需录入事项名称、重要性、截止时刻、耗时，在20分钟内将1周的计划搞定。

4.1.3　这样智能复盘，又轻松又有效

可能你会问：订了计划，人不就变成了机器，到了这个点就得做这件事，感觉被控制了，那还有什么乐趣？

其实你完全不用担心，生活本来就是千变万化的，对于大多数职场人士而言，永远有无穷无尽的新事情发生，打破你原有的计划。

时间管理的目标不是制订一个完美的计划不折不扣地执行，而是充分掌控自己的时间，特别是对于和自己目标强相关的重要事项，能确保在合理的期限内完成，从而越来越接近自己的目标。

既然现实世界本就日新月异，那就不要怕"失控"，而是要拥抱"失控"。在被意外事项打扰时，可以运用"两分钟原则"，两分钟能处理完就立即处理，不能处理完就委托出去，或者记入待办事项。

如果这件意外事项耗时超过两分钟，而且不能拖延，那就切换工作事项，毫不犹豫地进入状态。

可以用纸笔，也可以用珍时这样带日志功能的App，随时记录正在做的事，在一天结束后将实际做的事情和耗时与计划对照，进行科学复盘。

（1）实际用时与计划用时相符（耗时误差在20%内），说明自己预估耗时和

实际相符，可以继续保持。

（2）实际用时显著<计划用时，说明自己对这项任务所用时间预估过高，以后可以按实际用时进行预估。

（3）实际用时显著>计划用时，说明自己低估了这项任务所用时间，或者受到打扰太多。如果是前者，以后可以按实际耗时进行预估；如果是后者，以后尽量想办法屏蔽打扰，比如在告知领导和同事的情况下，找一个不容易被打扰的地方做需要专注的事。

（4）多做了多少事情，把这些事归类，如果类似的事情每天都会发生，以后就要预留出时间，把这类事情做成重复性事项纳入排程。

（5）少做了多少事情，指因为其他事项插入或耗时预估不当导致某些事情当天没做，那么复盘时就要做个判断：如果这些事情可以不做，就从计划列表中删除；如果必须做，就纳入下一天的排程。事项如果过了原先的截止期限，那么关键比率就应该是负数，根据关键比率越小越优先的原则，在同等重要的情况下，它们会被优先排序。

使用珍时App随时计时，在"统计"页面中查看上述5类数据，并一键重排所有未完成的事项。

【锦囊19】用工具进行智能复盘，可以轻松找到自己在计划或执行上的改进之处（见图4.1.1），每天进步一点点。

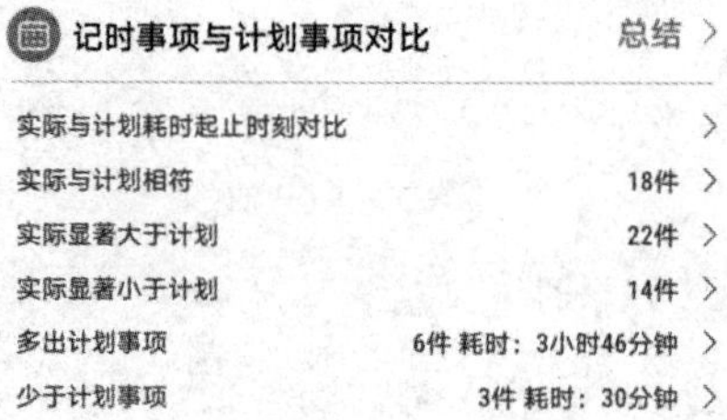

🖥 记时事项与计划事项对比	总结 ＞
实际与计划耗时起止时刻对比	＞
实际与计划相符	18件 ＞
实际显著大于计划	22件 ＞
实际显著小于计划	14件 ＞
多出计划事项	6件 耗时：3小时46分钟 ＞
少于计划事项	3件 耗时：30分钟 ＞

图4.1.1　珍时App中每天实际与计划对比页面

本节练习：将你的一周事项进行排程并复盘

你可以根据1.2中的排程步骤安排一周行程。

参照案例练习，进行手工排程或用珍时App排程。

案例练习题：

关注"珍时极简时间管理"公众号，输入"排程案例"，可以看到一个常见的职场人士的待办事项列表，先手动排程以下事项，再用珍时App排程，体会科技的速度与神奇吧。

4.2
轻松干掉"红点焦虑症"

4.2.1　一天忙忙碌碌，却没干多少事，多半是这个原因

你是否有这样的情况？不断查看手机和电脑上不时跳出来的微信、短信和邮件信息，生怕错过了什么重要的事情。于是一天忙忙碌碌，甚至顾不上喝水，但等到快睡觉的时候才发现一天没做多少事情，很多重要的事情都没完成。

这就是所谓"红点焦虑症"：在手机上一旦看到某个应用有一个红颜色的数字，就按捺不住点进去看，直到红点消除为止。

更有甚者还会有这种习惯：手机一段时间不响或者一段时间没有新的红点，

就觉得是不是网络坏了，甚至要刷个短视频试试手机是不是连着网络，网速够不够快。

当然，这样的人自己秒回信息，可能也要求别人秒回。

我曾经在BOSS直聘上接触过一个应聘者，后来交换了微信。聊了一段时间后，有一天她突然说非常希望加入我的团队，然后过了几分钟又问我对她还有什么疑问，再过了几分钟又问我是不是对她不满意，又过了几分钟发了一些不知什么信息，然后撤回了。最后发的一条是：你不尊重我，我不来了。

其实在她说非常希望加入我的团队时，我正在忙其他事情。等我忙完回头再看微信，才看到她这一番跌宕起伏的情绪变动，于是我回了一条微信问她什么情况，发现我已经被拉黑了。

我很能理解那个女孩当时的心情，她肯定认为我看到了她的话，但就是傲慢地不理会。但实际上，她只是面对空气说了那么多话而已。

造成这种问题的原因就是很多人不明白"强互动"和"弱互动"的概念。像打电话、微信视频聊天属于"强互动"，双方同时在线，一方发出去消息要求对方秒回的诉求是正常的。但邮件、微信文字聊天属于"弱互动"，一方发出消息时，对方可能在忙其他的事情，并不在线。所以不能指望对方秒回，如果有急事，就应该打电话或者视频、语音聊天。

著名的财经作家吴晓波曾经做过一个试验：把自己的手机锁在抽屉里，三天不去看，结果发现也没有耽误什么重要的事情。他除了是个作家，还是两家公司的老板，但也并没有出现一个邮件、一条微信不早点回复，就失去什么重大机会。

当然，我并不是建议大家三天不看手机，但我们可以做到在需要专注的时间段不看手机，至少在一个番茄钟期间不要犯红点焦虑症，频频看手机。

红点焦虑症最大的害处就是降低了人们专注的程度。人在专注时间段的效率是逐步提升的，就像百米跑步，人起跑前速度是0，随着人的起跑，速度才会逐步加快。红点焦虑症会让你在工作效率尚未达到最高点，甚至还在低位时就被打断，那么再次开始时工作效率又要从0开始。这样的话，工作效率往往长时间处于低水平，一天的效率就不高了。

这就是我们经常感觉忙忙碌碌，但又没做什么事的根本原因。

4.2.2　学会处理强打扰和弱打扰

不理解强互动和弱互动区别的人，经常会犯的另一个错误就是在微信上问对方：在吗？我就曾经碰到这么一个朋友，发微信时第一句话总是问我"在吗"，我可能过了一个小时才看到，马上回复"在"，但这时他又不在线了。然后过了半小时他又问我，"现在还在吗"？可这个时候我又不在线了。又过了一个半小时，我看到这条信息时和他讲"有话直接说"。然后又过了大约20分钟，他回复说，3个小时之前他正好到我公司附近谈业务，大约谈两个小时。如果我方便的话就过来找我聊一聊合作的事情，但一直没得到我确切的回应，他便回去了。

所以在这种弱互动场景下，最有效率的做法就是不要说"在吗"，也就是不要硬拉对方进入强互动的场景，有事情直接说就是了。如果到了必须对方回复的时刻，还没有收到回复，那就直接打电话或发起语音聊天，做一个能得到即时回复的强互动。

有一些朋友非常智慧地在自己昵称后面加了一个"（回复慢）"，很明确地表达了这样的意思，不要指望我能秒回。这个世界上每个人都有很多的事情要去忙，所以要求别人秒回，既不现实又太以自我为中心，后者还会引起别人的反感，就更得不偿失了。

另外建议在微信上尽量不要用语音留言。发语音对你自己来说很方便，但是他人处理信息是不方便的。比如你说了一段60秒的语音，大概有200多个字，如果是文字表述，对方10秒就能看完这段话，但如果让对方完整听完，他就必须要

60秒，很浪费时间。

有些朋友的昵称中特别标注了"（不听语音）"的字样，就是一种讲究效率的做法。反过来，自己也可以告诉微信好友尽量少发语音，最大限度地提高双方的效率。

当然强打扰也不能多用，如果你动不动就采用电话或语音聊天的方式，一方面对方会觉得很烦，另一方面有时候可能也不方便和你进行强互动，比如在开会或开车。

如果确实有需要传达一些有时效性的信息，建议可以采用这样的方法：在时间相对充裕的时候，先发一个微信或邮件传达这类弱互动的信息。比如我那个朋友，在3小时前发给我他在附近，希望3小时后见面的信息，如果在临近的时间还没收到回复，就可以给我打个电话，确认一下是否能见面。

如果对方没有回复，那很有可能对方根本就没有看到这条信息，或者一扫而过，没有注意，这种情况在现在信息泛滥的时代是很常见的。这个时候你再用强互动给对方打电话或语音聊天，就很正常了，不会引起对方的反感。

【锦囊20】时间相对充裕的时候用弱互动，直接说出需求，并给予对方简单回复的选项，在对方必须给出回复的截止时刻很近时，才采用强互动。

4.2.3　用等间隔事项法轻松应对"红点焦虑症"

我之前在一家全球500强公司做高管，工作非常繁忙。这家公司有一种"邮件文化"，很多事情都是用邮件沟通的。它有一个不成文的规定：重要邮件一般要在两个小时之内回复。如果两个小时内不回复，那么万一耽误了重要的事情，可能就会受到领导的批评。

所以一般情况下，我都会每隔两小时就查看邮件、微信并及时回复，当然也有些工作可能需要1小时看一次或者3小时看一次，像这种需要每隔一段时间就要去做的事情，我把它称为等间隔事项。

如果你定好了每隔一段时间去完成等间隔事项，那么你就可以放心，基本上没有什么重要的事情会被漏掉。如果真的漏掉了，比如那个期望别人秒回的求职女孩，那也没什么可惜的。

这样的话，在等间隔事项中的间隔时段，就可以拿出大块的时间，专心致志地做一些需要你高度专注的事情，效率就能达到顶峰并持续相当长的时间，从而提高一整天的效率。

举个例子，假如上班时间是9:00—18:00，中午12:00—13:00休息，我们每2小时就需要处理邮件、微信，每次处理15分钟，具体怎么设置呢？

这就要看你所在的公司是否有加班文化，特别是领导或一线关键人员是否有加班习惯了。我们先说理想的状态，就是公司基本没有加班文化。当然，这里的加班不一定是指在办公室里超时工作，也包括在家里的加班，特别是回复邮件、微信、钉钉。

如果你所在的公司没有加班文化，那么也就意味着你不会在非工作时间收到重要的工作信息，那么你可以选择在以下几个时段处理等间隔事项：

10:45—11:00，13:45—14:00，15:45—16:00，17:45—18:00。

早上大家刚上班，还没有信息发出来，你打开邮箱、微信、钉钉，也看不到多少信息。而9:00—10:45正是早上精力最充沛的时段，完全可以先用来做最难做、最需要创造力的事，这时的效率最高。在10:45左右处理等间隔事项，这时的工作信息积累到了一定量，你这15分钟可以被充分利用。

另外，一定的紧迫感也会提高效率。同样15分钟，如果你看到有未读的10

封邮件和100条微信，那么你可能会处理得比较慢，但如果你看到有未读的30封邮件和300条微信，你可能会更快速地处理完。

如果你的公司有加班文化，比如我曾就职的一家500强公司，老板们深更半夜还在发邮件。虽然一般而言，他们不会要求你这么晚还在工作，但你最好在上班第一时间就开始处理。

这种情况下，你处理等间隔事项的时间，建议选用以下几个：

9:00—9:15，11:00—11:15，14:00—14:10，16:00—16:10，17:50—18:00。

这里每天总的处理等间隔事项的时间还是约2个小时，上午还是照常的两个15分钟，但是下午我把它分成了3个10分钟。是考虑在正常下班前处理完最后一批邮件、微信和钉钉信息。

当然，如果你的公司是下班后大家的惯性工作时间还挺长，那么建议你在睡觉前再增加1~2次处理等间隔事项的时间。

当然这个时间可以一并处理自己的私人邮件和微信。

珍时App有一个方便的设置"等间隔事项"的功能，可以设定每天等间隔事项的第一个开始时刻和最后一个结束时刻，确定这两个等间隔事项的时间，并选择频次，系统就会根据等间隔时间的原则自动排出当天所有的等间隔事项。如果等间隔事项与某些固定日程冲突，如会议，那么冲突的这个等间隔事项会自动顺延。

用等间隔事项法则解决"红点焦虑症"，在不耽误要事的情况下，能够极大提升个人工作效率。

【锦囊21】设定等间隔事项，只在设定的间隔时间段才做等间隔事项，用这个好习惯解决红点焦虑症。

本节练习：用等间隔事项法，对每天弱打扰事项进行等间隔弹性排程（见图4.2.1）。

图4.2.1　珍时App中等间隔事项的设置和排程结果

4.3

这样才能真正落实好长期主义

4.3.1　重复乃成功之母

我们从小经常听到的一句话是：失败乃成功之母。对于孩子而言，这句话相当"落地"。婴儿一出生，除了会哭、会喝奶、手脚会无意识地动，没有什么别的技能。行走、吃饭、说话、骑车，都是后天学会的。

这个学习过程并非一蹴而就，而是充满着尝试、失败、再尝试、再失败……直至最终成功学会一项项技能。

但当我们步入成年，基本的生存技能都学会了。我们需要实现人生更高的成就，"失败乃成功之母"这句话的励志作用就远远大于实际的落地作用了。

原因很简单，孩子的任务就是学习（这里指广义的学习，包括在玩耍中学），所以他们所有的时间除了吃喝拉撒都可以用在学习上。

但成年人不同，成年人第一要务是养活自己（富二代或"啃老族"暂不在讨论之列），所以工作需要至少占据8小时，再加上睡眠8小时，吃喝拉撒2小时，我们只剩下6小时可以支配，这当中通勤可能又占掉2小时，我们还有4小时。我们还需要花1小时甚至更多做些必要的家务，还需要花点时间健身、交际、理财、娱乐，这样我们每天最多只有2~3小时可以学习。

更不幸的是：我们学完了并不是学会了。就像我们学会了开车的所有要领和交通规则，但不可能直接就能拿到驾照上路。我们必须要花一定的时间重复练车，掌握离合器、刹车、档位、油门的熟练配合，通过考试，才能拿到驾照。

即便拿到驾照，新手开车还是会非常紧张，一不小心就会剐蹭、违规，别人跟他一说话就会让他分心、出错。

更有些"本本族"，拿了驾照以后一直没有机会开车，过了一段时间，发现根本不敢上路。一旦以后再有机会开车，可能需要去驾校"回炉"，或者请个陪驾跟一段时间。

新手只有一直开车，重复了一定的时间，才能慢慢驾轻就熟，一边开车，一边和乘客聊天或者听广播。有些人把驾驶变成了一种乐趣，享受着开车带来的生活半径的扩大，享受驾驶本身的乐趣。

心理学上，有研究将人对外部世界的认知分为三个区域：恐慌区、学习区、舒适区（见图4.3.1）。

图4.3.1　外部认知三区域

对于一个刚学会开车的人，在马路上开车，人处于恐慌区，所以建议首先只在家里或单位附近熟悉的路段开，这样就相当于把自己放到了学习区。当他在学习区越来越熟稔，舒适区就会越来越大，不断向学习区扩展。而学习区不断向恐慌区扩展，最终恐慌区都被舒适区取代，一个"老司机"就这样练成了。

我们每一次的重复都在增强大脑的连接强度，让这个动作不停重复，以便对应的神经组织经历多次生化反应，从而加强相关的神经结构，直到形成"肌肉记忆"，能熟练精准地做出高质量的动作。

所以，重复是成功之母，绝不是一个夸张的说法。

对于更高级的行为，比如读书、写作、沟通、演讲，我们说的重复并不限于机械地重复。比如我曾经参加了一个亲子教育训练营，学到了很多和孩子沟通的正确方法，例如怎么说话能提升孩子的能量，怎么说话会降低孩子的能量。结营后，老师让我们做一个38天的每日践行打卡，回顾一下自己说了哪些提升能量的话、哪些降低能力的话。当然，一定要写出自己的真实状态。

在参与打卡的同学中，有一位同学每天很认真地打卡，也确实很真实地再现了种种和女儿之间互动的场景。但问题是：她只是记录了当时的真实情感，比如她对女儿拖拖拉拉的行为的愤怒和指责，但没有反思，也没有根据老师给出的句式去践行，更没有在思考后询问老师。有一天我们发现她在群里没声音了。一打听才知道，原来是她忍受不了女儿的拖延症，动手打了女儿，结果被青春期的女儿拨打110举报家暴，被派出所拘留了。

与此同时，我和另几位同学不但认真完成每天的作业，还会针对自己说出降低能量话语的场景进行反思，告诫自己下次一定要在说话前先判断自己的话对孩子的能量起到了提升还是降低的作用。如果是后者，就立即转化成提升能量的话，或一时不知怎么说就沉默，晚上复盘再想以后碰到这种情况该这么说。实在想不出来，就在群里问老师和同学。

当我们不断地练习，更多地说出提升孩子能量的话时，我们几乎每次都能感受到孩子的些许变化，有些是行动上的改进，有些是情绪上的好转，可以说都是一个个微小的成功。

38天后，那些没有每天打卡的同学，虽然有了一些意识，知道不能对孩子沿用以前的催逼方法，但发现自己面对孩子不会说话了。过了一段时间，随着时间的流逝，学到的原理忘记了，具体的技巧也记不得了，碰到孩子行为不符合自己预期时，又开始情绪失控，故态复萌。

而我们这些天天打卡的同学，已经能随口说出提升能量的话，和孩子的关系都有了较大的改善，孩子的行为也有了可喜的变化：做作业更专注了，玩游戏的时间少了，不再"躺平"，愿意和父母交流。

不断重复小成功，就能收获大成功。

4.3.2　重复的时间段怎么定，大有学问

知道了重复的好处，我们就要开始制订重复事项的计划。

你可能会问，每天重复的事情还需要订计划吗？比如吃饭、睡觉，完全没有必要订什么计划，到点就知道要完成。

其实不然，重复事项可以划分为以下几种：

作息时间，比如睡觉、吃饭、通勤。

首先是睡觉时间。很多人喜欢睡懒觉，即便闹钟响了，也一遍遍地按贪睡功能，直到再不起床一定会迟到了，才跳起来，简单洗漱后出门，早餐随意解决，甚至不吃。

我也曾经有过这样的生活状态，直到一次惨痛的经历。

那还是我在北京工作的时候，当时经常熬夜，早晨都是打仗一样地去上班。结果有一天，慌忙之间居然在卧室绊了一跤，两颗大门牙磕在地上，钻心地疼。后来只能去医院补牙，但得知好的口腔医院手术要排到3个月以后，于是只能找了一家普通三甲医院的口腔科。过了几年，补的地方又脱落了，所以我不得不再去补。这一来一去，耽误了多少时间！

所以，早上一定要留出相对宽裕的上班前时间，才不至于出现各种奇奇怪怪

的意外，导致以后需要花更多时间去修补。

这个宽裕的上班前时间段包含洗漱、早餐、护肤、上班通勤的所有时间。

所以，我们一天最晚的起床时间完全可以倒推出来：

最晚起床时间=上班时刻－相对宽裕的上班前时间段

那么什么是理想的起床时间呢？假如你上班离公司很近，算出来最晚起床时间是8:00，最理想的起床时间是不是8:00呢？

实际并非如此，人的一系列生理和精力状态不是由我们自己的大脑控制的，而是由DNA控制的。DNA的进化是以百万年为周期的。这就意味着我们的精神世界虽然早已从狩猎时代跨越过了农业时代、工业时代、信息时代，但我们的身体机能还停留在狩猎时代。比如我们都知道减肥最简单的逻辑就是"管住嘴，迈开腿"，但已经下决心减肥的人还是很容易不知不觉就吃撑。这是因为我们以前打猎不容易，这次吃饱了，下一次能不能打到猎物是个未知数。远古时代也没有腌制技术，更没有冰箱，无法储存食物。所以最好一次就储存过剩的能量，以防下次没有食物。

同理，我们明明知道应该运动，但花几千元办了健身卡去几次就放弃的人占比很高。这也是由于我们打一次猎需要消耗极大体力，因此平时尽量少动，保存体力的本能在作怪。

所以，一般天亮了，我们的身体已经进入了精力充沛模式。当然，夏天这个时间会早一点，冬天会晚一点，春秋居中，都和天亮的时间有关。

这就能解释，你偶尔很晚睡觉，只要不是太离谱，比如能睡4.5~6个小时，即便你很想赖床，但如果有紧急行程必须在6:00起床，一旦起床后状态还是不错的。当然，如果你已经形成了一个睡得少必然精力差的信念，那么晚睡早起感觉精神不佳，就是典型的心理作用了。

现代睡眠理论认为：其实人的睡眠时间是否足够，是可以以一周为计量周期来衡量的。只要一周有35~40小时的睡眠（参看《睡眠革命》），人的精力就可以得到有效恢复。当然，这种情况偶尔为之可以，长期在工作日熬夜、休息日补觉对我们的健康还是有害的。

原因很简单，晚上身体开始自动修复，排出毒素，错过了这段时间，身体不会听大脑命令去做这件事。

成年人一天最好睡7~8小时，而一个睡眠周期即1.5小时的整数倍，正好是7.5小时。如果我们早6:00起床，睡觉时间最好定在22:30左右。

天亮时分，才是合理的起床时间。

吃饭时间也是如此，在固定的时间吃三餐，消化系统能更好地处理食物，转化成能量。

对于大部分人而言，中午打个盹，小憩15~30分钟，下午精力更充沛。当然，有些人中午不困，下午还能有超强的体力，也不必强求。

你多半会问：那我起得很早，早上必做的事情如洗漱、吃饭，乃至健身都做完了，还空了一大段时间，该干什么呢？其实，如果你有半小时以上的空闲时间，你可以完成很多种让你效率倍增的事情。

（1）学习。

早起后的黄金时间最合适做的就是学习。

一方面，早上一觉醒来，精力充沛，思维敏捷，这个时候读书就不仅是读懂书上的文字，而是可以边读边想，思考自己在生活中可以怎样应用这本书。另一方面，早上起来没有前摄抑制，对记忆书中的内容很有帮助。前摄抑制是心理学中的一个概念，是指先前学习的信息，对理解和回忆之后学习的信息有干扰作用。而早上起来读书，就不太会有前摄抑制的干扰。

如果你有写作的任务或习惯，那么早上的黄金时间段也是写作的绝佳时间段。

写作是一件很耗精力的事，即便素材都有了，怎样写得生动、易懂，还是需要动一番脑子的。

我在写这本书时，一开始习惯在晚上写，也就是把一天的工作都做完了，再静下心来写1小时。但实践了一段时间，发现每天只能写200～500字，而且质量不高，经常需要大量返工。

后来我把写书时间安排在上午工作时段，效率高了一点，大概能写500～800字。但我毕竟是公司创始人，很多事情小伙伴们还是要找我商量，或者我在办公室里听到同事对话中有些需要进一步了解或需要干预的事情，或者有些不得不接的电话，会经常打断我写书的进程。

最后，我把写书时间放在早上，起床时间比之前习惯的7点早1个小时，那我不受打扰的时间就有整整一个小时。我的效率大大提高，一天可以写1000～2000字，文思泉涌，写出来的文字生动了很多，返工率大大降低。

当然，仅仅早上这点时间学习往往是不够的。那么我们怎样安排其他时间段的学习呢？

学习分普通学习和刻意练习。普通学习，只是了解一些新知识，不必花很多功夫去练习。但这种学习也是必要的。有时候你光看书名，可能当时并不会觉得这是一本需要立即看的书，但当你花了一点时间阅读，你可能就会发现一个新世界，迫不及待地想要进行阅读。

比如我对心理学方面的书感兴趣。我就会在一些听书平台，比如樊登、喜马拉雅上听一些心理学的讲书音频，这样我就会或多或少地获得一些心理学的知识。有些知识听一遍就记住了，有些知识听了一遍以后觉得应该去细究甚至践行，那可能就会转成后面要说的刻意练习。

平时我们可以利用各种碎片时间来进行普通学习，而且在学习的同时我们还能够同步进行一些难度较低的事情，比如开车时我们可以听书，坐公交时可以看教学视频。当然我们还可以在碎片时间见缝插针地学习，比如在等人、排队的时候可以随时看书或者听书。

刻意练习则不同。这个过程需要我们不断对结果复盘，找出问题，再不断改进，然后把自己从一个新手慢慢变成高手。所以进行刻意练习的时间，最好选择精力相对充沛的时段，以便提高我们刻意练习的效率。

除了上午的黄金时段，怎么判断我们精力充沛时段还有哪些呢？我有一个简单的方法，就是用一些英语口语学习软件，在不同的时间段测试自己，在同样的30分钟内自己的正确率有多高？正确率越高说明这段时间我们精力越充沛。然后我就会根据不同精力状态的时间段去安排不同的学习任务。

（2）工作。

工作上的重复时间其实有两个大类：日常事项和刻意练习事项。

工作中的日常事项是维持工作必须做的事，比如记录、汇总、审批、述职、开会、报销、年检、回复邮件和微信等。这些事情可能是每个工作日做，或者每周、每月、每季、每年做。

这些事不需要多少创意，也没有多少进步空间，可以放在精力不充沛的时段，比如下午的13:00—14:30，16:00—17:00。

工作中的刻意练习是产生增值的部分，需要耗费较大的精力，比如计划、复盘、设计、研发、热点追踪、写文案、拍短视频、做直播等。所以最好选择精力充沛时段，比如上午9:00—11:30。

（3）家庭。

家庭的事项大致可以分成以下两类：家务和与家人沟通。其中家务又可以分成三类：买菜做饭、清洁打扫和物品收纳，建议在非精力充沛时段完成三类家务事项。

与家人沟通是很容易被忽视的事项。当然，这里指的并不只是关于家庭琐事的沟通。主要是指夫妻之间、父母和孩子之间、与亲朋好友之间的高质量沟通。国外心理学家经过长期跟踪，发现夫妻之间每天不少于20分钟的高质量沟通，对于家庭的和睦与稳定起到至关重要的作用。所以一天无论多忙，还是需要尽量安排出这20分钟，把它排到重复事项当中。当然，这个时间没必要放在我们精力充沛的时段。

（4）理财。

如果不是对金融特别精通，不建议自己花很多时间炒股，可以购买定投基金、可转债，把专业的事交给专业人士去做。每天不需要盯盘，只需要看一下基金的净值，止盈不止损。在基金或可转债达到自己的心理盈利基准，比如15%时，即部分卖出止盈，未到盈利基准或亏损时，则继续定投摊低成本。每天只需5~10分钟即可。

（5）健康。

一般一天至少30分钟，如果可以，1~2小时比较适合。除了集中时间，可以在工作、学习的间歇，比如每25分钟的番茄钟后，进行5分钟的办公室拉伸、瑜伽动作。

（6）人脉。

人脉包括线下和线上沟通。

线下沟通一般是参加各种聚会，每个人的情况不同，可以根据自己的情况确定时间。

线上沟通是我们可以掌控的。

通常来说，我们的微信好友少则几百个，多至几千个。那怎样比较好地去维护和这些好友的关系呢？我的一个建议是，每天随机浏览朋友圈并给一位用心发朋友圈的好友写一个走心的评论。常言道，一个评论胜过100个赞。

你的这位朋友很用心地发了一条朋友圈，也肯定会用心关注相关的反馈。如果你只是点一个赞，那可能就会被淹没在一堆赞中。但是如果你写了一个走心的评论，特别是没有别人评论或者很少有人评论的时候，因为你这个走心的评论，你的朋友肯定会感到心情愉悦，自然也会和你的关系更加亲近。我好几次给一些有一面之缘但没有深入沟通的朋友写了评论以后，那些朋友随后就和我进行了一些深入地沟通、交流，其中几位后来还有了合作关系。

除了朋友圈，在好友的微信公众号、视频号或者其他新媒体作品下面留言，不但能够和这位朋友的关系变得密切，同时还可能引来更多的朋友关注。

（7）休闲。

休闲时间并非可有可无的。看上去它并不提供看得见的价值，但它却是我们恢复状态所不可缺少的。

我们可以在这段时间做自己喜欢的事，但千万不要被信息流俘虏，成为给一个个App贡献时长和点击率的"义工"。为此，要设定时限，最好设个闹钟。

我们可以把休闲时段放在非精力充沛时段。当然，休闲的时候就不要用什么番茄钟，更不要一心两用，否则就达不到恢复精力的效果了。

（8）心灵。

每天花10分钟冥想或者瑜伽，能显著提高人的专注力，也能让我们躁动的心平静下来，从而让我们更容易恢复精力。

另外，也可以选择引导正面情绪的方案纳入每天重复清单，帮助我们在正面、愉悦的情绪下工作、生活。

最后，在所有重复事项设定完后，我们需要检查重复事项健康状况，也就是每天的重复事项耗时有没有太多，导致某些事项没有时间做了。如果是，那就要对重复事项根据重要性排序，并做减法，达到非重复的事项有充裕的时间完成。

【锦囊22】结合人体的生理节律、高能难事、劳逸结合等原则，我们可以根据作息和人生8大维度，排出自己最合适的重复事项的时间段和频率。

4.3.3 对于老是放你鸽子的人，你就这样做

你生活当中有没有经常碰到这种人：约好了时间老是迟到，甚至临时爽约。更有甚者，你打电话问他为什么爽约，他会轻飘飘地说："忘了。"

对于这种行为，如果是商业伙伴，我们有对应的合同上的违约处罚机制，可以启用违约条款，让对方蒙受一定损失，下次不敢再犯。我们也可以先发出警告，展示自己会坚决执行违约条款的行动力和决心，让对方基于损失厌恶心理而不敢轻易违约。而对于经常爽约的朋友，倒也简单，反复劝告无效，就疏远这类朋友。

问题是我们还有一种情况，有些人和你的关系介于这两者之间。双方之间未必签署过合同，或者签了合同也没有对违约、爽约的情况进行界定。

我就时常碰到这种情况。比如一家装修公司的售后服务，房子装修完后，多多少少都有点问题，可能某个地方漏水了，或者下水道堵塞，或者线路出了问题，或者某些部位受潮损坏了。这种情况你肯定需要装修公司来上门服务。我当初签约的是一家本地市场上排名前三的装修公司，对方承诺工程完工后保修5年，但是并没有约定每次维修的时效和相应的违约条款。

在我的装修出现问题找他们报修时，经常会出现约好了时间不来或者迟到的情况，有时在报修并不是非常紧急的维修事项的时候，对方老是说最近不确定是否能排出时间。对于这种问题应该怎么办呢？

这里我们可以换位思考，其实很少有人会故意失约。造成失约的原因无外乎两个。

（1）此人记不住太多的事情，遗忘了。这也很正常，人一般只能记住7件左右的事，所以事情一多记忆就混乱了。

（2）这个人没有时间管理排程习惯，做到哪里是哪里。最近两天的事情他能记得，时间一长就忘记了。

我的建议就是每天沟通，直到达成约定或完成约定。

如果是已经约定好的事情，我就会根据这个人以往的守约情况，按不同频次打他电话：如果信誉还可以，那我一般会提前一天和对方再次确认一下他第二天是否能够按时到达。如果他的守约情况一般，那我会相应地提高频次，除了提前一天，可能还会再加上提前三天、一周、两周，以便让他对这件事情加深印象。

对于老是排不出来时间的人，除了他记不住那么多事，其实还有一种情况，就是他手头还有一些半固定的约定：这几天也跟别人约好了。而且在他的排序中，可能比和你约好的这件事情更重要或更紧急。他要等那件事情排好以后，才来排你的时间。

那他为什么定不下时间呢？很有可能是想和他约的那个人，自己的时间也没定下来，不确定什么时间真的有空。所以他经常给出的答复就是你一周以后再跟我联系。但如果你真的傻呵呵地一周以后再跟他联系，就发觉他那个时间又排掉了，然后让你再等一周联系……我的一个地板维修问题就这样拖了两个月。

对于这种老是排不出来时间的人，我的做法是每天给他打一次电话，直到他排出时间为止。一方面是他脑子里有太多事儿，所以他记不得到底哪一天有空，你让他约一个一周以后的事情，他记不清楚一周以后是不是已经有安排了。但是近两天的事情他还是清楚的，所以每天打电话其实能够帮助他做好排程。

当然这里面也不排除他对你这件事情很纠结，所以一直在用暂时排不了为借口拖延。我曾经碰到一次这样的情况，我装了一个光伏电站，当时的要求是防止漏水，这样下雨的时候我能有一个开放的室外空间。但其实他们的技术做不到，修了几次以后还是漏，再修他就要自掏腰包了，所以老是推脱，一会儿说工人在忙其他活儿，一会儿说在外地施工。

对于这种情况，我的做法是至少一周打一次电话，给他一个明确的暗示：我对这件事情非常重视，不能指望拖着，直到我忘掉这件事。

具体的做法：我会在珍时 App 中插入一个每天 5 分钟的催促清单，不设定重复的终止日期，等到哪天完成了约定，我就把这个重复清单当天以后的清单日程全部删除。

【锦囊23】每天沟通，直到达成约定或完成约定。

　　为了提高效率，也可建议对方将待处理事项列入自己的日程安排，以免遗忘。

本节练习：做一个周期性的计划，并检视重复事项健康状况

　　下图4.3.2是一个不健康的例子，重复事项的日均耗时已经到了19小时，严重超过了每天除了吃饭、睡觉后的可用时间。这样其实每天都会疲于应付，还完成不了所有的计划事项，更不用说那些临时插进来的事项了。

图4.3.2　珍时 App 重复事项健康状况页面

5

FIVE

管理四种关键目标

5.1

你可以有比财务自由更大的目标

5.1.1　这样制订目标，才能获得真正的幸福感

我的线下时间管理课中，有一个环节是追问学员的目标，95%的人都会回答是财务自由。

那么财务自由以后呢？我追问。学员们都面面相觑，显然他们都没有考虑到财务自由后，还有什么需要追求的目标？

经过了一番思索，有一个女生回答：财务自由以后，我想买什么就买什么，我想干什么就干什么。我可以每天睡到自然醒，只是发呆也没有任何愧疚感。

然后我就追问，那你为什么要追求这种状态呢？她不假思索地回答："这就是幸福感呗。"

果然是这样吗？我在实现了财务自由以后，也确实过了这么一段时间的生活。除了到外面尽情旅游了一番，我还在自己精心设计的智能住宅里面安排了很多好玩的东西：影视厅、KTV、乒乓球桌、跑步机、活力带、沉浸式瑜伽房、古琴、太极剑、模拟高尔夫、背景音乐、智能音箱，可以不重样地玩一整天。

很多朋友都羡慕我这样神仙般的生活。但实际上这种生活过了不到三个月，我就彻底厌倦了。直到我选择创业，才重新找到了幸福的感觉。这并不是我得了

便宜卖乖，或是我"凡尔赛"。

后来我查到了一些类似的信息：硅谷很多创业者在上市或被收购套现实现财务自由以后，也曾经有过这么一段快乐、放纵的生活。他们可能会更加倾向于拥有一艘自己的游艇，或者拥有一片私人海滩，想怎么玩就怎么玩。

但是在三个月左右的时间后，他们也会感到厌倦，甚至痛苦地想自杀。最后他们解脱的方法是：去做天使投资人，与曾经和自己一样苦苦奋斗的人交往。这其中又有很多人一头扎进自己投资的企业，把自己又变回了创业者。因为这样他们才感觉到自己又重新活了过来。

也许没有经历过这一切的人会觉得不可思议，这不是没事找事吗？谁都知道创业异常艰辛，九死一生。刚刚修成正果，从炼狱里爬出来，为什么还要跳进去？这些人都疯了吗？

有些人调侃，所谓连续创业者，就是连续创业失败者。其实这只是一部分的真相。伊隆·马斯克不就是在PayPal上市成为亿万富翁以后又开始了特斯拉、SpaceX和Solar City的创业吗？

当然，这里并不是要鼓励大家在实现财务自由后要创业。我想说的是：财务自由其实并不能给你带来真正的幸福感。

财务自由不是获得幸福感的充分条件。古代的大多数帝王并无衣食之忧，但是他们并不快乐，也不幸福。很多富二代也可以说从出生开始就已经实现了财务自由，但是他们中的很多人也不幸福。而一些靠自己奋斗成功的人在实现了财务自由以后，居然会变得更加痛苦，家庭分崩离析，最终在痛苦中结束了自己的一生。

同样，财务自由甚至还不能称之为获得幸福感的必要条件。因为我们能看到：有那么多的人并没有获得财务自由，比如特蕾莎修女。她几乎没有个人资产，但是她的幸福感满满。因为她实现了帮助更多穷人的毕生心愿。

所以什么是比财务自由更大的目标呢？其实就是长久地获得幸福感。

当然，实现财务自由的好处是：你可以不必为了生存去做自己不喜欢的事情，而是可以自由地选择做自己喜欢的事。哪怕没有分文收入，哪怕还要你花钱倒贴，只要你剩下的钱还能够覆盖日常生活支出，那么你就能一直处于财务自由的状态，可以继续做自己喜欢的事。

能够心无挂碍、全心全意做自己喜欢的事，才是幸福感的源泉。为什么呢？

一只宠物狗得到一块骨头就能产生强烈的幸福感，得到主人的爱抚和关爱的眼神也能产生幸福感，但是人类的幸福感却没有那么容易得到。因为人跟动物的最本质的区别，就是人的神经系统更发达。我们从外界能获取海量的信息，而在这么多信息中可能会掺杂大量让我们产生负面情绪的要素。

想要获得长久的幸福感，我们需要经常完成自己喜欢的活动。在这些活动中，由于我们高度投入，会屏蔽某些其他感官的刺激，达到一种忘我的状态，这就是所谓的心流状态。一个人完全沉浸在某种活动当中，无视其他事物存在。这种体验本身会给人带来莫大的喜悦，使人愿意付出巨大的代价。

根据《心流》作者米哈里·契克森米哈赖的研究，获取幸福感的条件有8项，可以部分出现，也可能全部出现：

（1）面临一份可完成的工作，不太难又不太容易。太难会使人产生焦虑，太容易会使人觉得无聊；

（2）必须能够全神贯注做这件事情；

（3）这项任务有明确的目标；

（4）这项任务有即时的反馈；

（5）能深入而不牵强地投入行动当中，日常生活的忧虑和沮丧因此一扫而空；

（6）充满乐趣的体验，使人觉得能自由控制自己的行动；

（7）进入忘我状态；

（8）时间感会改变：几小时犹如几分钟，几分钟也可能有几小时那么漫长。

米哈里·契克森米哈赖在他的《心流》一书中写道："一般人认为，生命中最美好的时光，莫过于心无牵挂、完全放松的时刻"。其实不然，虽然这时我们也能够体会到快乐，但最愉悦的时刻通常是在一个人为了某项艰巨的任务而辛苦付出，把体能和智力都发挥到极致的时候，这时才是人生的最优体验。那么这种体验是不是一定需要财务自由才能获取呢？并非如此，其实我们很多人都或多或少地经历过这种心流体验，比如中国的学子在高考前复习的那段时间，大部分学子都把自己的智力和体力发挥到了极致。

我个人没有经历过为高考备战的时段，也许是一生遗憾，但我是把这段时间前置了。此前我一直参加市里面的青少年数学爱好者培训班，我们每隔一段时间都会去参加竞赛。之前每次竞赛，我都没有取得好成绩，主要是那一道决定名次的最难的题目总是没能做出来。

直到最后一次竞赛，我知道这也是我最后一次参加这种类型的竞赛了。也许是前期积累到位了，也许是那次我的状态特别好，把解题能力发挥到极致，把最难的题目做了出来。

出了赛场以后，我感觉莫名的幸福，甚至浑身都在颤抖。那种难以用言语表达的幸福感深深地刻在了我的脑海里，虽然成绩还没有出来，但我知道我肯定已经赢了。果然，后来我获得了直升全国重点大学的机会。虽然这个机会最终因为我的失误被浪费了，但我还是以全校理科第一名的成绩获得了另一所重点大学的直升。但这并不重要，重要的是我在那场竞赛中强烈的触电般的心流体验。

另一次令我刻骨铭心的心流时段，是我用3个月完成别人1年才能完成的项目的那段时间。那段时间我把所有需要应对的杂务都交给了我的一个下属，然后带领10个人的团队一头扎进了这个项目之中，直接和美国的程序员PK，而且我的任务比他们更难，因为我还需要解决一些中国特有的商业逻辑的问题。

用1/4的时间做完6个美国团队需要一年到两年才能完成的项目，本身就让我特别亢奋，我把所有的心力都扑在这个项目上。这当中碰到无数的困难，有些看起来甚至是致命的：比如项目到达一半，我的副手因为母亲患癌症临时退出团队；我从美国请来的俄罗斯籍高级程序员因为风寒精神恍惚，不小心滚下楼梯住院半个月……而当时我的状态就是见鬼杀鬼、见佛杀佛，仿佛被一种无尽的能量推动，勇往直前，任何问题都能够快速解决。最终我们的系统成功上线，我得到了8个月的奖金。

这些体验都发生在我实现财务自由之前。

财务自由不是人人通过努力就能够实现的，多多少少还是有运气的成分，但是追求幸福、追求心流体验却是每个人通过努力都能够做到的。

那么具体怎么做呢？

通过三圈交集模型制订终极目标，找到幸福的源泉。找出自己所有喜欢做的事情、自己有能力做的事情、自己觉得价值高的事情，把这些事情画在一张纸上，得到这三类事情的交集（见图5.1.1），那就是我们获得幸福感的种子。

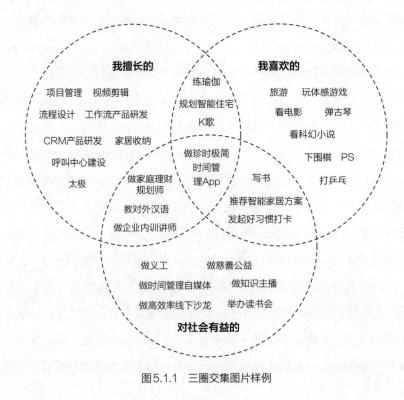

图5.1.1　三圈交集图片样例

对我而言，做珍时极简时间管理 App 就是这个三圈交集的焦点。

前页右上的圆圈中是我喜欢做的事情。在做程序员的时候，我为了做成一个完美的功能，可以通宵达旦地工作，毫无倦意。

前页左上的圆圈中是我较为擅长的部分。做一名优秀的程序员，最重要的是逻辑能力要强。而我经过了高中时期数学爱好者协会的磨炼，大学时读的是数理统计专业，经过了严格的逻辑思维训练，所以我做软件产品设计的条理清晰，易于升级。

前页下方的圆圈中是对社会有益的事，比如做义工、做时间管理自媒体、做知识主播、举办读书会等。

写书、做家庭理财规划师都有社会价值，但相对而言，做一个有创意的能给千百万用户使用的 IT 产品价值更高。

比如我多年前做的一次性退换货功能，就是客户在退换货时，不仅可以换原来的货，还可以换其他任何不同品类、不同价格的货，这样就极大方便了客户。比如一个客户之前买了一件上衣，但是后来觉得不合适，就换了一条裙子。我们就会打出换货单，快递员上门取回上衣，给客户裙子，并且费用当场多退少补。只要是30天之内的订单，公司还可以给予运费补贴。用户满意度高，一位老客户甚至说：从此我在你们这里买东西就可以"肆无忌惮"啦。

在电商还不像当今这么蓬勃发展的时期，相对于其他平台，用户退换货需要自己找快递退货，等快递上门取货，再等一次快递上门送货，我开发的这个功能极大程度上节省了用户的精力和时间。

因为这个产品可能给十几个人、几十个人用，也可能给成百上千上万甚至上亿的人使用，无论是提高效率还是节省时间，它所产生的社会价值是非常大的。所以我一直把做 IT 产品作为自己的心流源泉，即便上级指示让我做一个简单项目，我也会把它做成一个完美的产品。我曾经设计并研发过一个非常完美的系统，由于我把底层设计做得非常好，过了10年，我都已经离职多年，这套系统还在，只是在这个基础上不断添砖加瓦而已。

后来我又在多家公司担任过高管。每次接到搭建公司商业系统的任务，我都会沉醉于把它做成一个完美的、精致的产品。在这种状态下我也获得了相应的回报。这些都印证了一句貌似鸡汤的话：心离钱越远，钱离口袋越近。

我在沉浸式地做这些产品的时候，并没有想过会实现财务自由。但是当我的一个个作品做出来，能力得到了社会的认可，我的产出也得到了社会的奖赏，于是财务自由就不请自来。

小结一下，什么是比财务自由更大的目标？就是找到能让自己产生心流体验的事情，不断重复、精进。即便这件事情本身未必会得到世俗意义的成功或回报，你也能获得源源不断的幸福感。

如果这件事情本身又能够有巨大的商业价值，那么由于你在心流状态下达成了超高的效率，获得超额回报的概率就非常大了。在这种情况下，财务自由就是一个水到渠成的结果，并不是你要追逐的终极目标。

【锦囊24】：通过三圈交集模型制订目标，找到幸福感的源泉。可以在下面空白的三圈交集练习（见图5.1.2）中填上你的这3类事项，找出你的三圈交集。

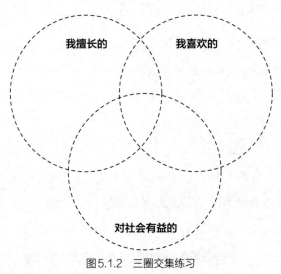

图5.1.2　三圈交集练习

5.1.2　实现目标，你需要至少在这4个维度完成设定

好了，我们已经有了比财务自由更大的目标，就是让自己保持长久的幸福感。具体怎么才能做好呢？

我们至少需要在这4个维度去设定子目标：事业、学习、理财、人脉。

第一个维度是事业。这里事业并不一定是指工作，也有可能就是你最希望进入心流状态的任务。

比如写作，你可以设定一年出一本书的目标，或者在某个自媒体平台上写出10万＋的爆款文章；比如攀岩，你可以设定几年之内去攀爬哪个具有挑战性的岩壁；比如打高尔夫，你的目标可能是在一年内在18洞球场打到多少杆以内；比如做慈善，你的目标可能是一年内能帮助多少人获得他们真正需要的东西。

无论这个目标是什么，都需要有一定的难度，才能激励你不断践行，发挥出你的超常智力、心力和体力。

事业目标的意义在于不断挑战自己能力的边界。

我们可以采用自上而下的方法制订目标。比如，我们可以先订一个一生的目标，比如成为一代时间管理大师。也可以订一个25年的大目标，比如让全球10亿人通过时间管理获益。然后，我们可以再订一个5年的目标，比如让中国1亿人通过极简时间管理实现共同富裕。接下来，我们可以订3年、1年、1个季度、1个月、1周、1天的目标。

可能很多人还没有找到一生的目标，这是很正常的。而且，即便制订了这个目标，做着做着，可能会发现这个目标并不适合自己，或者找到了更宏大的目标。所以，这里给出一个最佳实践方法：

每隔3个月，将事业目标修订为需要竭尽全力才能达成的挑战型目标。

以3个月为节点的好处是：它既不遥远，从而使你缺乏立即行动的冲劲；它也不触手可及，不至于干出什么实质性的成果。

　　3个月可以给你足够的试错时间，让你对某个具体目标全力以赴攻坚，看看自己在竭尽全力后是否能取得一定突破。如果竭尽全力后确实没有突破，而且也没总结出足够的经验、教训，为后3个月提供继续努力的方向，那么很可能你确实不适合做这件事。这个时候，选择一条新的赛道是明智的。

　　新人入职一家公司，试用期也是3个月。在3个月内，可以决定一名新人是否能得到领导和同事的认可，脱颖而出，受到重用；或是被领导认为马马虎虎，食之无味，弃之可惜，将就着用；或是最终被觉得不合适，没有通过试用期。

　　我曾应聘一家中美合资企业，成为一名高级程序员，试用期6个月，表现好可以提前转正。于是我就把3个月内做出优秀的成绩作为自己的目标。正好公司有一个技术难题困扰了整个技术团队半年。我主动请缨，白天做上司安排的工作，晚上研究这个难题，最终顺利解决，为公司做出了巨大贡献，顺理成章地提前3个月转正，还加了50%的薪水。

　　对于职场人士，除了公司给自己制订的KPI，自己也可以制订与职业生涯总体目标相关的工作目标。

　　我曾在一家合资企业担任IT部门经理，当时公司给我的KPI是业务端的需求按时上线、系统没有重大缺陷、系统可用率≥99.5%等。

　　当我在对这些KPI的达成感到得心应手后，我就开始考虑一个问题：我有没有可能做得更好？我能不能在不远的将来晋升一级，成为IT总监？

　　我原来的顶头上司IT总监是一个酗酒的南非人，后来因某次在公司加班期间醉酒殴打老板而被革职，总监的岗位就一直空着。

　　我明白了老板的潜台词：你现在还没有达到总监的层次，可以给你一定的时间，如果你自己没法上升到这个层次，那么就空降一个。

　　经理和总监的区别主要就在于：IT需求的决策是怎么来的。经理层次主要做的是被动执行，而总监做的是主动规划。

于是我就一直考虑，我是否可以从我对业务的理解中，主动发现公司重要的IT需求，而这些需求是公司高层和业务部门很难提出来的。

基于这个思路，我在完成本职工作后，经常和业务部门的老大沟通，看看他们有什么痛点难以解决。

其实很多痛点，比如市场广告成本的上升，和我并没什么关系，但我确实发现了一个可以大展身手的地方：把库存控制在一个合理的范围内。

对于远程销售公司，不论是以前的直邮公司，还是当今的电商，都有一个很大的痛点：怎样合理控制库存？

特别是对于公司当时的产品，有一大部分是加工的服装。这个问题尤其纠结：产品生产有2周的周期。我们不可能采用零库存的方式。因为产品一旦上架，客户就会下单购买，如果等拿到订单再去采购，2周以后，对于服装这种冲动型消费的产品，用户基本上早就取消订单了。但万一备货太多，当季卖不掉，以后可能更卖不掉，就只能报废或以极低价格批量处理，造成损失。

曾经一家已经做到非常大的电商公司——凡客诚品，就是因为库存没有控制好，最后现金流枯竭，公司分崩离析。

所以，库存多了也不好，少了也不好，怎么去确定这个合理的区间是个两难问题。以往，产品经理们多半是靠经验和感觉来确定首批进货量，然后等销售反馈出来后再不断追加订单。但当时我们主要靠直邮目录和杂志广告，不同的广告媒体发布的周期不同，发行量和转化率也很不相同。

所以每次补货到底应该补多少？大部分的产品经理都是拍脑袋决定的。于是我就考虑：这里面到底有没有什么规律可循呢？

直邮业务有一个好处，我们可以跟踪到每一个媒体所产生的销售情况。于是我把一个产品在我们发行的某本目录上的销售量，按照时间序列做了一个直方图（见图5.1.3），就发现它呈现出这样的曲线状态。

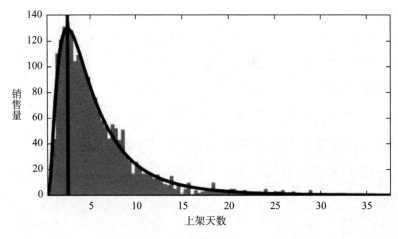

图5.1.3　某产品销售量

　　这个规律是：在商品上架前两周销售量会快速攀升到达顶点，以后销售量就会慢慢地下降。我拿这个产品在其他媒体渠道再次测试，发觉曲线的形状基本一样。再拿其他产品在不同媒体渠道再次测试，曲线形状都是大同小异。

　　这样，我们就可以根据一个产品在前几天的销量，大致判断出它的总体销量和每天的销量，这样补货就能够非常精准。对于不同媒体渠道上架某个产品，只要把这些曲线叠加起来就可以了。

　　我把这个思路和产品经理们讲了以后，产品经理们都异常兴奋，要求立即实施。于是在经过一个月的开发后，这个安全库存预测系统上线了。产品经理的工作效率提高了5倍，而且预测得非常精准。

　　从此以后，公司各类产品的库存就保持在一个非常合理的水平。用户因缺货而取消订单的比例大大降低，提高了销售额，库存计提损失的金额也大大降低。这样一增一减，效果显著，公司的毛利率迅速提升。

　　这个目标达成以后，我就从一个IT需求的执行者蜕变成为IT战略的制定者。一个月后，我升任IT总监，薪水显著提升。

　　第二个维度是学习。学习是这个世界上性价比最高的投资。

因为你能花相对不多的金钱和时间，将前辈可能花了数年乃至毕生心血的知识、能力、精华收入囊中，为你的事业腾飞奠定基础。

我在学生时代努力学习，并将所学知识积极践行，创立了用专业勤工俭学的学生社团，在毕业时争取到了一份薪酬颇丰的工作。

工作三年，我发现收入增长遇到了瓶颈。于是，我开始学习时间管理，提高工作效率。我的效率能达到常人的4倍，所以别人要花1年做的事，我只需要做3个月。省出来的时间，我或做副业赚钱，或学习新知识、新技能，包括系统设计、PMP（项目管理专家）、网络技术、MBA（工商管理硕士）、呼叫中心技术等，这些都帮助我步步高升，从一个普通的程序员升职到部门经理、部门总监，直到首席技术官，收入也翻了300多倍。

怎样制订自己的学习目标呢？

在学校里，我们的学习目标是很明确的，不论是高考、中考，还是每个学期的考试、测验，目标其实都是考到自己心目中理想的分数。

但在进入职场以后，除了少数大企业可能会有一些硬性要求，基本上没有谁来要求我们去参加考试。这个时候其实我们就进入了自主学习阶段，由自己来决定到底要学什么，要达到怎样的目标。

对于有一些有硬性从业门槛要求的行业，考证是第一要务。比如证券行业，要考证券从业证书才能合法地进入这个行业。有些行业、职称有最低学历要求，那么如果自己的学历不够，也需要去考取对应的学历。

其次就是一些能够为你加分的硬技能考试。比如，学会Python语言能够让你在同样的资历，在同一岗位，一个月比别人多拿几千元；学习外语能够让你在外资企业中与外籍同事沟通更畅通，也是升职加薪的砝码；学习制作PPT能够让你在汇报时更胜一筹。

第三种学习内容是软技能。比如演讲、谈判、沟通，帮助你在人际交往竞争中获得优势。

第四种是做兼职需要的技能。比如写作、影视编辑、直播，帮助你获得第二份收入。

第五种是能够帮助你更好地应对生活的技能。比如理财、厨艺、养花、收纳等。

第六种是综合性的知识，不见得会马上见效，但是能够提升你的整体素质。比如哲学、心理学、创新方法论。

第七种与娱乐相关。比如弹奏钢琴、古琴，打高尔夫、网球等，帮助你陶冶情操，享受生活。

应该说第一、二种学习，有点类似于我们之前在学校接受的应试教育，目标就是通过考试，拿到证书。但是也没有必要成为"考证狂人"。我有一位朋友，几年内考取了十几张证书。但实际上大部分证书对他的工作和生活并没有多少帮助。主要的原因是他没有机会去践行学到的知识，比如他是个公务员，导游证对他并无多大用处。另外也因为时间安排紧凑，他学的知识都是囫囵吞枣，仅仅是了解概念，能做题目。对于整个知识框架的搭建并没有太多用处。

作为已经完成基础教育的成年人，我们学习的目标应该是对自己的总目标有帮助。比如我学系统设计，就从一个程序员升级到了系统分析员，从只会敲代码的码农变成了一个能提供社会价值的系统设计师，成就感极大提升，薪资自然也上了一个很大的台阶。我学习项目管理，能领导一群工程师按时保质地完成软件项目，升任开发主管。我学习网络管理，成为软硬件都通晓的技术管理人才，升任信息技术部经理。我学习呼叫中心技术，技术能力从单一的信息技术扩展到信息技术和电信技术，从而升任信息技术总监。我学习MBA，学会从商业视角看技术应用，从而升任CTO（首席技术官）。之后我进修了财务、人力资源、创业能力课程，对管理整个公司有了全面的理解，于是有足够的信心创业……

当然，这其中有些综合性的知识，比如哲学、心理学、创新方法论等未必能像硬技能那样立竿见影产生效果，但从底层逻辑潜移默化地升级我的认知，让我用宽阔的视野看待自己的事业，为事业的深度和广度提供养料。

第三个维度是理财。理财的目标就是为自己实现生活的总目标打下坚实的物质基础。

也许你会觉得，自己也不想发财，就想岁月静好，做好自己目前安稳的工作，做到温饱、小康就可以了。但是，这个时代变化太快了。"双减"政策一夜之间导致70多万教培机构谢幕，1000万从业人员面临下岗失业。这就产生了一个灵魂拷问：如果你突然失去了工作，或者突然生病，你还能过着与原先一样舒适的生活吗？还有另一个灵魂拷问：不考虑能力、运气因素，只说你的梦想，你希望达成怎样的财务目标？

这两个问题的答案其实正好对应了理财的5个阶段目标：财务断奶、财务安全、财务自由、财务舒适和财务富裕。

简单而言：

如果你能不依靠包括父母或亲朋好友的资助，自己养活自己，每个月的收入能满足基本生活需求，那么你实现了财务断奶；

如果你失去了收入，现金和存款还能支撑到你下一次（一般为6个月后）有工作收入，那么你实现了财务安全；

如果你的理财收入能支撑你一辈子的基本生活需求，那么你实现了财务自由；

如果你的理财收入能支撑你一辈子的理想生活需求，那么你实现了财务舒适；

如果你的理财收入不但能支撑你一辈子的理想生活需求，还有富余的钱用来做慈善或开创自己的事业，那么你实现了财务富裕。

上面讲的是5个财务阶段的定性概念，下面我们就讲讲这5个财务阶段的定量门槛：

（1）财务断奶。

一般是你刚开始工作的时期，父母还在工作，不需要你赡养，你还没有结婚生子，没有孩子需要抚养。此时你的基本生活开支无外乎房租、餐饮费、交通费、水电煤和通信费、服装费等。如果这些加起来是5000元，那这就是你财务断奶的门槛。

只要你的税后收入达到5000元，那么你就可以说实现了财务断奶。

实现了财务断奶，你才可以说基本实现了经济独立，可以为自己做主，不必被迫听从父母的安排。

（2）财务安全。

我们先来列一下，满足基本生活条件，你每个月会有多少支出。一个一线城市的职场人士，上有老，下有小，有房贷或在租房，那么他的基本开销有：房屋贷款/房租、餐饮费、交通费、水电煤和通信费、服装费、赡养费、抚养费。比如，这些加起来12000元。

你认为多长时间后你可以重新有收入？比如6个月。

那么12000×6=72000元，便是你财务安全的门槛。

实现了财务安全，你才可以安心地花时间去寻找更好的工作，从而向下一个阶段迈进。

（3）财务自由。

财务安全可以让你支撑6～12个月，但万一你的危机时间长于这个时间呢？

其实我们大部分人都卡在这个阶段，只不过可以支撑的时间有长有短，有的可以达到2～3年，甚至20～30年。但人生可不止这些年，特别是到了一定岁数，遭遇中年危机，竞争力下降，很可能面临失去工作后很难找到和原来差不多的岗位，甚至无法再就业的窘境。

所以，真正保险的办法是你积累足够的资金，使你可以靠非工资收入生活。

这笔钱要多少呢？

首先还是计算出保障每月生活所需的最低金额，那么你财务自由的门槛是：

每月生活所需的最低金额 ×12÷年化理财纯收益率。

要注意：理财纯收益率＝扣除通货膨胀率后的理财收益率＝名义理财收益率

（投资机构账面上给你的收益率）－通货膨胀率。

假定年化理财纯收益率是4%，而如果你所在的地区通货膨胀率是3%，那么你投资的理财产品年化收益率应该达到7%。

在年化理财纯收益率为4%的前提下：

财务自由门槛＝每月基本生活所需金额×12÷4%＝每月生活所需的最低金额×300

如果按刚才示例，每月基本生活所需的最低金额是12000元，那么你的财务自由门槛是360万元。

达成财务自由，你就能去毫无畏惧地寻找自己喜爱的工作，因为我们只有在做自己喜爱的事情时才会真正感到幸福。

但如果我们只做到这一步，显然还不是我们理想的生活。所以，还有第4个目标：财务舒适。

（4）财务舒适。

财务舒适就是不用工作也能过上优质的生活。

具体的，你要算出过上优质的生活每月的开销：

a. 将你所有的愿望列出来，比如购置别墅、读个名校MBA、买一辆豪车、环球旅游……

b. 在每一条后面写上大概的费用；

c. 采取分期付款的方式来置办所有的大件，计算一下，每项月供是多少。例如你想买一套价值200万元的房子，30年为期，银行按揭利率是5%，那么你的月供为10736元，包括利息；

d. 将这笔钱加入你的日常支出。当然要考虑到，在更高的生活水平上，你的日常支出也会相应提升；

将数据加在一起得到每月理想生活所需支出。

财务舒适的门槛＝每月理想生活所需支出×12÷年化理财纯收益率。

你算下来，每月理想生活所需支出是7万元，你的年化理财纯收益率为4%，那么财务自由门槛=7×12÷3%=2100万元。

你实现了财务舒适，过上了理想的生活。走到这步已经是凤毛麟角了。但如果你还有余力，可以向下一目标进发。

（5）财务富裕。

当你在实现财务舒适后还有一笔钱，可以用来实现你的梦想：比如资助建一所希望小学，或开创自己的企业，或做天使投资人资助创业者，那么你可以说实现了财务富裕。

应该说这个门槛很难精确算出，按照国际惯例和标准，当一个人的身价超过1000万美金的时候，我们就可以把他称之为财务富裕。

在这个阶段，你就能放下恐惧，勇敢地追求自己的梦想。

所以，实现一个个财务目标，能为我们的总目标提供选择不做什么（比如乏味的工作）的底气和做什么（比如进阶学习、开创自己的事业）的财务基础。

第四个维度是人脉。

我加入过一家著名的互联网企业，这个就业机会就得益于人脉的维护。

来到这家企业之前，因为我的工作效率非常高，所以有时间参加IT经理人俱乐部，时常发表一些文章。这样，俱乐部的负责人就对我有了印象。后来这家互联网企业到上海招人的时候，除了请猎头招，还特意找到与他们某一个高管有联系的IT经理人俱乐部，让他们推荐一个名单。这个俱乐部的负责人就给了他们一个100人的名单，我也在里面。后来经过五轮面试，我如愿进入了这家企业，职业生涯进入了快车道。

我的创业决定也同样得益于人脉的拓展。

财务自由后，我一时失去了继续努力的方向，想创业又怕失败，于是我参加了读书会。机缘巧合，有一次为读书会做义工的时候，听到了樊登老师讲低风险创业的方法，让我对创业有了新的认识：原来可以低风险创业，提高成功率。于是，我衡量了创业的成本和自己的能力、财力，觉得自己可以在保持财务自由的情况下进行至少10年试错，于是就开始了创业之旅。

人脉的神奇之处是它往往能为你打开一扇意料之外的机遇之门。

【锦囊25】每隔3个月将事业目标定到需要竭尽全力才能达成的挑战型目标。

5.1.3　将量化目标与时间管理挂钩，确保目标达成

相信多数朋友都很习惯先定总目标，进而定量化目标。除了职场人士在工作中有上级制订的目标，每年伊始，很多人都会为自己立下flag。比如今年我要升职加薪，我要减肥10斤，我的理财收益率要达到7%，我要考取心理咨询师证书，我要读50本书，我要学一种乐器等。

但是到了年底再看自己在年初立下的flag，往往大多数都没有做到。于是很多人把没实现的目标再作为第二年的flag。到了第二年年底还是如此，由此循环往复，不断产出虚度人生的挫败感。

当然偶尔也会幡然醒悟，下决心好好做人，但持续不了多长时间，又故态复萌。长此以往对自己的评价越来越低，心情越来越差，与幸福感渐行渐远。

怎样摆脱这种慢性痛苦，让自己的生活时不时地出现正反馈呢？

我们必须把目标和时间管理挂钩。如果订了一年的目标，那么首先可以确定每个季度的子目标是什么？每个月的子目标是什么？每周的子目标是什么？每天的子目标是什么？

当然我们未必要这样一层层地分解，有些目标可以直接分解到周，甚至到天。比如考CFA（Chartered Financial Analyst，特许金融分析师），可以很容易查到：不论是官方还是各类教学机构给出的建议，都是至少需要花300小时的

学习时间。

假如现在是2月份，我要报名参加8月份的CFA考试。那么我就要确定怎样在6个月中分配这300小时。考虑到我们现在总共有180天的时间，是不是平均每天分配100分钟呢？

我们需要看每天是不是能分配精力充沛的100分钟。因为这门考试还是比较难的，近年来的通过率也就在20%左右。所以这300小时是要全神贯注、认认真真地听课，听完以后练习。

而作为职场人士，每天工作可能已经很累了，还有各种杂七杂八的事情，所以每个工作日可能只能抽出一个小时精力充沛的时间。我们可以安排工作日每天花1小时，周末每天花200分钟；如果工作日特别忙，没有做足1小时的情况下，可以在后续的工作日或周末弥补。

这样你就获得了非常明确的反馈：你是在稳定地靠近目标，能确保在预定的时间内完成目标。这就是一种非常好的即时反馈，能够在你漫长的考试准备期内产生持续的幸福感。

当然这个是相对理想的状态，为了真正达成你的最终目标——通过考试，我们还需要安排一些缓冲时间。

这里面有几个原因：一是你无法预料在这半年时间，会不会有一些意外发生，比如自己生病了无法学习，或者至亲生病需要自己照顾，或者单位有段时间为了赶项目天天加班，导致无法正常学习。

当然还有一种情况就是你确实花了这些时间学习，但是学习的效果不尽如人意。比如你做了模拟考卷发现自己正确率只有60%，而根据历年的考试情况，及格线是70%。为了规避临场发挥的误差，在模拟刷题时，最好能够达到80%的正确率。

这样就需要你安排更多的学习时间，所以建议给自己留20%的缓冲时间，也就是你最好在300小时的基础上再加60小时。

这时，如果你每个工作日还是预留一小时学习，周末每天需要加69分钟，也就是每个周末每天需要花265分钟学习。

制订了一个有充分缓冲的计划，然后再用时间管理的方法来确保实际进度和计划进度相匹配，那么我们在预定的时间达成目标就是一个大概率事件。

怎么跟踪自己的实际进度是不是赶上或者超前于时间进度了？我们经常有一句话叫"时间过半，进度过半"。在一个完全匀速的计划中是可以的，每天核算一下时间过了百分之几？你的执行进度到了百分之几？

时间进度=（当前时刻 − 目标开始的时刻）÷ 目标阶段的总天数。

执行进度=为这个目标已经耗用的时间 ÷ 目标计划总耗时。

如果执行进度≥时间进度，则说明赶上或超越进度，如果执行进度≤时间进度，说明落后进度。

如果我们整个目标进度不是一个匀速的计划，那么公式就需调整。比如我在8月份CFA考试之前还要在5月份参加心理咨询师考试。这样的话，在前3个月时间，我可以花在CFA考试上的时间是减半的。那么我们的计划就变为：前3个月每个工作日30分钟，每周末132分钟，后3个月每个工作日90分钟，每个周末400分钟，也就是6.65个小时；或者每个工作日2小时，每个周末324分钟，也就是5.4个小时。

这种非匀速情况下，如果还用前面的公式，前3个月的执行进度总是小于时间进度，你会产生不必要的焦虑感。

这时，可以用这个公式：

执行完成率=当前实际耗时 ÷ 计划当前应该已花耗时。

执行完成率≥100%，则说明赶上或超越进度，这个系数<100%，说明落后进度，要赶紧补上"计划当前应该已花耗时 − 当前实际耗时"。

还用上面的例子。在前3个月，每个工作日半小时，每周末132分钟。现在已经是第4个月的月底了，前3个月总共13周，也就是共65个工作日和26个周末，

第4个月按照22个工作日和8个周末计算，那么，

计划当前应该已花耗时=30×65+132×26+90×22+400×8=10562分钟≈176小时。

而如果你当前实际耗时是158小时，那么，

执行进度比例=168/176≈95.45%<100%，你需要尽快补上176−168=8小时，才能赶上进度。

那你可以考虑下周每个工作日多补30分钟，周末两天各多补165分钟。

为此我们最好有一个记录时间进度的工具或者方法。珍时App就是一个好工具，你可以设定目标，并将每个重复的事项与目标关联，然后再用计时功能，每天记录自己执行目标事项的开始时刻和结束时刻，系统会自动统计出当前实际耗时，算出计划当前应该耗时，然后算出执行进度比例（见图5.1.4）。

你可以衡量一下这样的学习强度自己是否能够安排妥当。如果有一定困难，那么也可以把考试的时间往后再推3个月，反正CFA考试基本上是每3个月考一次。

当然，这里我们可能会碰到另一个问题，也就是再过3个月，考纲发生了某些变化，你可能就要花额外的时间补课。所以这个时候就有3个选择：

（1）索性放弃另一门考试，人需要一定的断舍离，不然很可能什么都做不好；

（2）适当调整其他事情的时间，比如娱乐的时间；

图5.1.4　珍时App的目标进度页面

（3）考试延后3个月，然后再加20%的缓冲时间。

订完计划以后，就要坚决执行，每天更新进度，看看进度是否落后，如果落后就立即补上。

一般而言，建议以周为单位，检视最近一段落后的时间。"自己耽误的时间，哭着喊着也要把它补回来。"

不要寄希望于"临时抱佛脚"。确实，有些人在临近截止期限的时候，会爆发出巨大的战斗力，将任务卡点完成。但人不可能经常处于这种亢奋状态，所以更大的可能是临近最后期限，发觉自己实在差得太多，干脆就放弃了。

这种放弃的次数多了，自己对按期达成目标也就没有多少信心，以后再按时达成目标的可能性也就越来越低了。

最佳实践方法是：将目标分解成一个个阶段性小目标，落实到每天要花多少时间，截止时刻就是当天睡觉前。每天完成当天的进度，这样我们每天都可以得到"确定的幸福"，也就是所谓的"小确幸"。

这样的情绪也能够让我们在今后的生命旅程中，保持较高的效率，完成一个一个小目标，进而聚沙成塔，集腋成裘，完成一个一个大目标。

即便我们走到生命的尽头，并没有达成世俗的财务自由，我们每天也能生活在达成阶段目标的幸福中。

【锦囊26】制订定量的目标，分配到每天做多少时间的相关事项，并且日拱一卒，每天或者每周检视进度，做到达成目标进度或略有超前，落后则立即补上。

本节练习：对事业、学习、理财、人脉中至少1个维度设定目标，并做出3个月的计划。

5.2

四种关键目标的时间管理要诀

5.2.1　事业目标除了SMART，这两个要点会让你和同行拉开差距

对于职场人士来讲，事业就是你当前的工作；对于创业者来讲，事业就是创建公司的业务；对于自由职业者来讲，事业就是目前所从事的一个或几个可以获得报酬的工作；对于学生来讲，事业就是当前的学业；对于全职妈妈来讲，事业可能是把自己的孩子培养成理想的状态。那么我们怎么样来制订事业目标呢？

制订目标必须遵循SMART原则（见图5.2.1），也就是：

Specific：目标必须具体，有关键结果；

Measurable：目标必须可衡量，结果能得到检测；

Attainable：目标必须可实现，符合业务发展规律；

Relevant：大目标下的小目标应该彼此关联；

Time-based：目标要有时间限制。

我们先说S（Specific）：具体的。对于一家创业公司，近期目标就是实现快速增长，但增长方向很多，具体应该是用户数、订单数，还是客户满意度、产品美誉度？

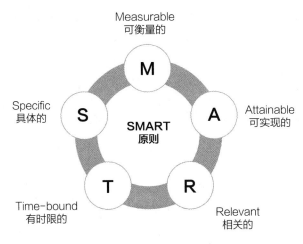

图5.2.1　SMART原则

　　如果资金很有限，资本市场也不太容易融资，那么当前的目标最好设在销售额增长上。产生现金流，让企业能活下去最重要，别的都可能是"虚荣性指标"。比如，用户数很高，但公司的产品是免费的，广告费收益还远远不能覆盖成本，那么现在设定的特定目标应该是销售额增长，这样才能给公司带来源源不断的现金流，让公司在存活的基础上再求发展。

　　然后我们需要符合M（Measurable），给出具体可衡量的标准。比如销售增长，是销量增长还是销售额增长？对于上述情境下的初创公司，销售额增长更有意义。100个1元的引流订单，不如1个188元的VIP会员订单更有意义。

　　接下来确定A（Attainable），可实现的。为了保证可实现，我们是不是应该把目标订得保守一点呢？在经济环境正常、人员也没有过多变化的情况下，如果制订一个维持销售额的目标，那就不是一个好的目标。因为它虽然可实现，但是没有挑战，很难帮助人进入心流状态。

　　心流状态对目标的要求是：既不能太容易，令人产生厌倦心理，也不能难以实现，从而产生焦虑心理，要处于跳一跳才能摘下果子的高度。

　　比如去年销售额增长了15%，那么今年可以把销售额增长率增加到20%。

　　这是对于公司和销售部门而言的目标，对于没有销售指标的部门，怎么订目标呢？可以根据公司的KPI来订。比如我在负责公司IT管理时，会订这么几个目标：系统可用率、项目按时完成率、工作效率提高比例等。

　　对于一个公司经常在用的生产系统，业界优秀的可用率目标是≥99.9%，也就是1年只能有0.1%的系统不可用率。如果每天系统需要使用的时间是12小时（考虑加班因素），那么一年中，系统不可用的累计时间最多为$12×365×0.1\%=4.38$小时。换言之，一旦系统出现故障，导致业务中断，一年中我们总共只有约4个半小时修复。这个目标还是很有挑战的。毕竟有时候，一个故障可能需要忙活一整天才能搞定。

　　这个具有挑战性的目标让我们不得不调动所有的智慧，对每个故障症状进行仔细分析，找出短时间解决的方案，反复演练才能最终达成。而达成的那一年，我们非常欣喜地发现：自己达到了业界一流水平。

　　第四步是R（Relevant）：相关性。在产品验证阶段，用户的留存率、转化率提升是和公司业务增长最相关的目标，而用户数增长并不是很相关，因为它和产品是否能被验证商业可行性并没有多大相关性。

　　最后一步是T（Time-bound）：时间限制。信息时代相比于工业时代，不再是"大鱼吃小鱼"，而是"快鱼吃慢鱼"。只要给自己设定了比较紧的时间期限，就能最大限度激发自己的潜能，在同样时间内得到更多的成果和历练。

　　我在做IT部经理时，经常和业界朋友交流，我发现我做3个月的项目，一些其他单位的同行要做1年，还经常不成功。说到底，领导也不知道这事儿应该做多长时间。很多领导最关注的是公司销售额，对IT能帮助企业提高效率的原理并不理解，所以并不会认真追时间进度。

　　但是，没有不透风的墙，当他们的领导得知同行做同样的事只要一半甚至1/4时间时，他们的升职加薪之路也就此止步了。

　　如果你忘记了时间，时间也会忘记你。

上面讲的是定目标的原则，在达成目标的行动上，有2个要点会让你和同行拉开差距。

第一个要点：将关键事项与目标关联，每天完成关键事项。

大部分人制订目标以后，表现得就像是已经完成了目标一样。然后呢？还和原来一样工作、生活，和以前的行为没什么不同。这也是大部分的flag最后都倒下的缘故。当然有一部分人刚列完目标会非常兴奋，立即开始行动，但是过了一段时间，就会经不住其他事情的牵绊，渐渐对目标失去了关注，最后可能全然忘记了当初的目标。直到年底总结，才悲伤地意识到今年的flag又泡汤了。

不忘记目标的最佳实践是将目标执行变成一种习惯。

习惯的好处是不用刻意记住。每天到了时间自然会想起来做，不做就会觉得缺了什么。就像我们不会忘记一日三餐，一个养成运动习惯的人一天不运动也会觉得难受。

那么怎么将目标的执行变成一种习惯呢？有一个办法就是设置每天与目标达成相关的关键事项。

我在一家企业入职一个月后的目标是：解决一个其他同事一直未解决的系统致命缺陷。因为手头上还有领导安排的其他工作，所以为了这个目标，我列出的关键事项就是每个工作日花2个小时仔细检查一段软件源代码。

这样仔细排查了一遍，我并没有发现问题。这也并不奇怪，前面有6个程序员都对源代码进行排查，前后半年也没有结果。和他们不同的是：他们排查一遍没有结果以后就宣布放弃。这也不能怪他们，看别人写的源代码，确实很难懂。

但我和他们不同的是：我没有放弃。既然这个目标没有完成，我就还是保持每天两个小时研究这个问题。只不过这次换了一种方法：我把这些代码一段一段用流程图画出来。

有道是"一幅图胜过千言万语"。流程图让我对整个系统有更直观的把握。那段时间我一张一张画好流程图，然后贴到墙上，形成一个大大的系统拼图。

然后，每个晚上我对着这面墙喃喃自语。后来，每天在吃饭时、睡觉前，我脑子里都在想这件事情。终于在某一天晚上走出办公楼时，一阵清凉的风吹过，我突然脑中灵光一闪，立即跑回办公桌，打开电脑，找到一段代码，然后一拳砸在桌上说："我终于抓到你了！"

那一刻，一股幸福的洪流在我身上汹涌荡漾。一个月的辛苦、疲惫、迷茫、焦虑一扫而光。

第二个要点：每天复盘，做出改进方案。

复盘可以有多种方法，最常见的是3个问题：

针对这个目标我今天做得好的地方在哪里？

针对这个目标我今天做得不足的地方在哪里？

针对不足，我以后怎样改进？

当然，一天的工作复盘也可以用这种方法，或是更有针对性的假设－试错－复盘法。先假设按A方案做能更接近目标，做完以后复盘，看结果是否与预期相符。如果相符就继续朝这个方向努力，如果不相符就再做一个B方案，假设它能成功，第2天换B方案。

上面那个例子中，我用的其实也是这种方法：先假设问题出现在A模块，检查后发现没有问题，然后再假设B模块。最后所有模块查完了，就觉得光看代码不行，要换另外一种思维模式，于是改成了画流程图。

这种方法对于产品创新和产品销售也特别适合。因为取得阶段目标的成功并没有确定的做法，只能一步步试错，在复盘中找错误原因并调整方向，然后再试错，再复盘，直到目标达成。

【锦囊27】采用SMART法制订事业目标，列出与目标关联的每天重复关键事项，每天或每个工作日完成并进行复盘，直至目标达成。

在珍时 App 首页中单击目标，单击"事业"维度设定目标，并创建一个或多个重复事项关联这个目标（见图 5.2.2、图 5.2.3）。每次执行完关联事项后进行复盘（见图 5.2.4）。

图 5.2.2　创建一个事业目标　　图 5.2.3　创建一个事业类事项与目标关联　　图 5.2.4　当天完成一个事业类事项后进行复盘

5.2.2　这样安排理财，才能让你快速财务自由

"我们来一场财务自由的比赛吧！"多年前，我的一位大学同学向我发起了善意的挑战，我接受了。

他开始按照"富爸爸"的思路，贷款买房、出租，赚取租金，然后等薪资积累到够付下一套首付，再次贷款买房（当时还没有限购）。当然他每次买的都是小房子，一方面总额小，另一方面也容易出租。慢慢地，他拥有了几套房子，但是租售比很低，租金无法覆盖按揭月供，还要拿工资贴补。好在上海的房子有几轮疯涨，他套现了几套，用丰厚的利润作为首付再贷款买更大的房子，收取更高的租金，并期望得到房价上涨的再一波红利。

可惜好景不长，国家出台了限购限贷政策，这个套路玩不下去了，而且又面临交房产税的问题。最终他把大部分房产都卖了，使用获得的现金理财，"睡"后收入大于家庭日常支出，实现了财务自由。

我走的是另一条路：投资自己，运用复利的奇迹，期望得到更大的投资回报率。于是我在买了两套房子后就收手了，在他到处看房的时候，我开始专注学习各相关领域的知识和技能，加入专业社群，多余的钱用来定投基金。最终我的努力得到了回报，我不断地扩大自己的能力圈，进入了一个又一个更好的平台，最终获得了财务自由和财务舒适。我的理财所得收益，除了支付日常开支，还可以支付我创业前10年的所需资金。

所谓复利，并不只是理财的利滚利。复利的本质是：做事情A，会导致结果B，结果B返回来又会增强A，不断循环。

就像我提升能力进入更好的平台，进入更好的平台又会提升能力，从而不断循环，带来的年化收益为投入的100倍。

所以，在没有多少本金的时候，最好的投资方法就是投资自己，获得超额回报。

怎样用复利思维安排学习呢？有以下几个步骤：

（1）用三圈交集法找到自己的目标，详见5.1.1；

（2）针对这个目标，找到能产生高价值的领域，比如我的目标是做一套能惠及大众的软件，那么能产生高价值的领域是产品经理、系统设计、项目管理、销售管理；

（3）学习上述高价值领域的专业知识，刻意练习；

（4）同时学习通用的思维模型：如黄金思维圈、破束缚思维模型、卡尼曼双系统思维模型、复利模型、六顶思考帽模型、风险概率思维模型、上帝视角思维模型。

卡尼曼双系统思维模型认为：人有两个思考系统，系统一与系统二。系统一是无意识思考，处于"自动驾驶状态"，思维定式；系统二需要耗费精力，需要聚焦和专注。大脑的最基本原理就是，能不用脑就不用脑！

我们可以应用的有：

面对重要问题，避免大脑做本能的思考决策；

对于商品推广，尽量避免潜在客户使用系统二，呈现足够的价值和相对低廉的价格，让用户使用系统一就能做出快速决策。

这样，我们就能结合专业知识和思维模型不断假设、实践、复盘、迭代，最后找到自己的发展飞轮。

所以，我们在制订学习计划时，不仅要做每天学哪些知识的计划，也要做假设、实践、复盘、迭代的计划，这样才能真正做到学以致用。

除了考虑学习所需要的时间是否能够挤出来，还要适当保持其他维度的最少时间。比如健身，一般需要每天健身半小时。如果这些最少时间都保证不了，那么建议对自己的学习目标做减法，不要贪多。学一门，会一门；会一门，用一门。这样才能够实现学习的价值，变得越来越富有。

以下就是制订学习目标的几个范例：

1个月内学会可转债理财，真正买几只自己选中的可转债，持有到满意的收益率。

3个月内学会短视频制作，进行短视频拍摄、剪辑、发布实操；

半年内考出AFP证书，针对自己的资产进行理财规划；

1年内读完50本书，做笔记和思维导图，思考哪些知识可以用在自己的工作和生活中；

3年内实现专升本，尽量在工作中应用专业知识。

【锦囊28】用复利思维安排学习，并进行不断假设、实践、复盘、迭代，找到财富增长的飞轮。

5.2.3　每天理财10分钟，3年后收获惊喜

如果你已完成学业，现在还没有达成财务断奶，除非你打算继续深造，否则建议你尽快找到一份工作。

第一份工作是否和你未来的发展方向一致并不重要。更何况，你的发展方向很可能会随着不断成长或环境变化而改变。重要的是立即找一份能满足日常需要的工作，这样才能让你从父母的监护下真正走出来，探索自己的人生道路，并完成从学生到职场人士的蜕变。

如果你能找到的第一份工作还不能满足基本生活需求，那么你需要不断提高能力，找到更好的工作。

一旦你的税后收入超过了你的基本生活需求，那么你一定要开始储蓄，并选择低风险、容易支取的投资方式，比如银行存款、货币基金，从而稳步地向第二阶段（财务安全）迈进。同时，你还要不断提高自己，获得升职加薪，因为你的基本生活开支将随着你恋爱、结婚、生子直线上升。

如果你现在还没有达成财务安全，建议你尽可能快地实现。

为了达成这个目标，建议的实现方法是：

（1）尽量节省开支，比如从12000元降到10000元，这样你的财务安全门槛就降到了60000元；

（2）想办法增加收入，选择低风险、容易支取的投资方式，比如银行存款、货币基金等。

如果你已经实现了财务安全，目标是财务自由，那么建议执行以下投资策

略，执行40∶40∶20原则：

（1）40%用在低风险的投资项目上；

（2）40%投入风险适度的投资项目中，比如可转债。如果你长期坚持不动用这笔钱，风险会极大降低；

（3）剩下的20%投入风险较高的项目中，比如股票基金，这种基金的风险也能在长时间的持有下极大减小。

那么我们是否需要花很多时间，来确保我们的风险投资得到理想的收益呢？

2008年，巴菲特和一个对冲基金打赌，看谁在十年之后的收益会更高。最终的结果是，巴菲特选择的标普500指数基金，在10年当中获得了7.1%的年化收益率。而华尔街的著名基金经理精选出的5只对冲基金，仅获得2.2%的年化收益率。巴菲特用业绩证明，我们普通人是可以直接通过投资指数基金战胜顶级基金经理的。

在中国，针对主动型的基金做定投和可转债投资可以获得较高的收益。

投资有一个不可能三角理论。什么意思呢？我们在投资理财中最关注三点：一个是安全性，就是我们把钱投进去，要承担多少亏本的风险；一个是收益性，就是我们投资回报是多少，一般来说年化收益率超过6%的都属于高收益；最后一个是流动性，指你的本金和收益什么时候能拿出来，比如银行储蓄活期的流动性最高，随时可以拿出来，当然年化收益率是可怜的0.25%。而10年期的国债流动性就很低。

投资理财的"不可能三角理论"指这关键的三点（高安全性、高收益性、高流动性）最多能满足两个，不可能同时满足。

在财务安全阶段，建议采用高安全性、高收益性、低流动性的策略，因为在财务安全门槛以上的钱你是可以不急着用的。这个低流动性一般是3年，从历史数据来看，即便你刚开始投资时就遭遇了较大的市场大跌，3年后你盈利的概率还是很大的。

你只需要在选择要定投的基金和可转债上多花一点时间，或者也可以去买一些靠谱的第三方理财服务。在投入后，每天只需花10分钟做以下事情：

看看自己的基金定投组合中哪个基金的收益率已经达到了目标收益率（比如15%），如果到了，就部分或全部止盈，建议部分止盈的基金份数＝目前盈利金额÷基金当前价格；

看看自己的可转债组合中哪只债的收益率已经达到自己的目标收益率（比如30%），如果到了，就部分或全部止盈。部分止盈的数量一般为该可转债持有份额的50%。

基金定投的门槛到目前为止还是100元。而在2022年6月18日可转债新规后，可转债投资有了一定的门槛，投资门槛从原来的1000元升到了10万元，而且还需要有两年证券投资的经验。

所以，建议有闲钱的人尽快投资。我的很多朋友，在可转债投资门槛是1000元且不需要证券投资经验时一直犹豫，等2022年6月18日后，即便他能拿出10万元，也得等2年才能享受可转债的红利。谁也不知道基金定投以后是否也会提高门槛。所以，理财千万不能拖延，要及早布局。

怎么实现财务舒适呢？建议用以下投资方法：

保证财务安全的投资不变，多出来的钱按50%中风险：50%高风险的配比投资。

高风险投资指收益率远高于12%的投资项目，进行高风险投资，即使你其中一个或两个投资亏损，你也能通过高收益投资项目获得补偿。当然，你需要多花一些时间在高风险投资的研判上面。

我本人曾经投资过BIGO的股权基金，持有2年，获利194%，相当于年化收益率97%。取得了这么好的投资收益，是因为我对这个公司的财务数据进行了仔细研究，认为公司发展得非常好。另外，公司业务也在当前非常热门的赛道上，同时，我对公司创始人做了一番调研，发觉也比较靠谱，就果断进行了投资。

要实现财务富裕，撇开财产继承、买彩票一夜暴富等外在因素，比较靠谱的方法是创业，或成为联合创始人，或加入一家有望上市的创业公司，或成为天使投资人，获得原始股权或期权，让别人帮你一起赚钱。这已经超出理财的范畴，在这里就不做过多讨论了。

不过，在财务舒适阶段，你的净资产数额达到了一定的高端理财门槛，就可以参加一些长周期、低风险、高收益的私募理财项目，获得较高的收益。

总体而言，作为非专业理财人士，我们尽量选取低风险、高收益的可转债和优质基金，并至少持有3年，每天花10分钟看一下投资组合的收益，及时止盈。

【锦囊29】每天在基金定投和可转债上花10分钟时间，并坚持至少3年。

5.2.4　超有效的人脉技巧

人脉的积累不是一蹴而就的，需要日积月累。建议做以下周期性的人脉积累动作：

（1）每天至少发3条朋友圈：生活类1条（以展示你是活生生的人，不是只会发广告而遭人厌弃）、思考类1条（有深度，让朋友觉得你有干货，愿意多看看你的朋友圈）、商业引流类1条（作为变现的手段）。我曾经不经意间在朋友圈晒了我的线下时间创富营的回顾，就有几个朋友追问具体情况，后来在线上预订了我的时间创富营训练营；

（2）每天至少走心地评论一条朋友圈，不要光点赞，一条走心的评论胜过100个赞；我坚持每天随机评论一个好友的朋友圈，和很多一面之缘的朋友建立了更密切的关系，与其中不少朋友还达成了合作；

（3）每周至少3天在大咖的微博、公众号或视频号等自媒体进行评论，利用大咖的影响力结交朋友；

（4）每周参加一次行业聚会，在聚会中成为活跃分子，结交朋友；

（5）每月争取和一个线上好友深度沟通，成为自己的深度人脉；

（6）每年参加10次线下读书会。

【锦囊30】要持续地做人脉积累的周期性动作，从而获得丰厚的回报。

本节练习：根据你的目标，为自己的事业、学习、理财、人脉分别设置至少一个重复事项。

如事业，可以设定每周五17:20定期复盘本周工作得失，每周日17:40制订下一周工作计划，学习上，设定每天1小时的专业知识学习。

5.3

这四个维度不一定要设目标，但要进行时间管理

5.3.1　"冻龄"不是天生的

我和太太出去逛商场时，经常会被误认为是母子；和儿子一起出去时，经常

会被认为是兄弟。当然有些人可能会说，这是天生的，有些人就是天生长得比较"着急"，有些人就是不显老。

但实际上并非如此。有一次我和一个三年未曾谋面的老朋友约着在咖啡馆见面，我先到了。他进来时非常疑惑地看着我说："你是毕总吗？"我说："三年前我们几乎每周见面一次，你怎么这么贵人多忘事呢？"他说不是的，因为他感觉我比三年前年轻很多，所以难以置信。其实三年前他也没有夸过我年轻，这说明这三年我确实是冻龄乃至逆龄生长了。

那这是怎么做到的呢？先看三年前的我在做什么吧。当时我在一家著名的互联网企业，虽然公司并没有规定"996"，但我是集团IT部总监，和各个子公司事业部都有着密切的合作关系，工作非常繁忙。当时我还没有找到可以应对繁忙工作的时间管理方法，每天疲于奔命。那时的我没有任何健身计划，实在太累的时候，最多也只是泡个脚放松一下。

每天工作压力非常大，导致我经常失眠，白天精神不太好。有时候开头脑风暴会议，别人都在灵光闪现，妙语连珠，只有我思维僵硬，有些问题得想一会才能反应过来。因为老是跟不上，于是我要花更多的时间在会后听录音以免耽误工作。这样的话，每天又要花更多的时间在工作上，睡眠时间更少，健身的时间几乎为零。

这样，我进入了忙上加忙的恶性循环，直到有一天我得知，我认识的一位公司创始团队成员之一，比我还年轻的人已经得了癌症。我知道自己无法再继续这样下去，在每年的体检中，我的很多指标都已经变红。例如，骨密度等指标显示我的身体年龄大大超过了实际年龄。所以思前想后，我辞去了这份工作，回到上海。

新的工作强度没有以往那么大，于是我开始迅速发胖。那时候的公司文化是要穿西装的，可我的裤腰在一个月内去裁缝店改了两次，每次都放宽了两寸。

我太太说我胖的样子真不好看，于是我开始抽空关注自己的身材健康。机缘巧合下，我听说高温瑜伽能快速瘦身，就去尝试了一下，没想到效果非常显著。于是在接下来的一个月里，我又跑去裁缝店，但这次是每两周去一次，每次裤腰缩进去两寸。

虽然说花了4次钱，裤子又变回原来的样子，但结果还是让我非常欣喜的。除了令人难堪的肚腩不见了，我的精力状态也有了很大的提升。

那段时间公司正好在和另外一家日本公司合作创建新的合资企业，我作为创始团队成员要做的事情非常多，除了本职的IT项目工作，还要负责整个公司的项目管理乃至人员招聘。虽说压力很大，但是我全部扛了下来，而且工作成绩有目共睹，老板对我非常满意。

所以关于健康方面，我们可以制订这样的目标：

（1）体重减10斤；

（2）BMI指数达到23；

（3）体检无异常指标；

当然，我们也可以不订目标，而是制订一些健身习惯，如：

（1）每天练30分钟瑜伽；

（2）每天打1次太极拳；

（3）每周打2次网球；

（4）每周跑10千米；

（5）每2周打一次18洞高尔夫。

健康管理不但能帮助我们"冻龄"甚至"逆龄"，更重要的是帮助我们提升精力，提高效率，为事业和学习提供足够的能量。

【锦囊31】每天花30～60分钟锻炼，并培养一种体育爱好（如图5.3.1）。

图5.3.1　在珍时App设定每日30分钟健身清单

5.3.2　家庭和谐的关键20分钟

家庭这个维度也非常重要。对于很多中国人而言，家庭观念本身就是比较强的。如果说我们事业做得很成功，但是在家庭方面，夫妻关系不好、孩子不听话，这样肯定是无法获得足够的幸福感的。另外一方面，家庭和睦，其实对事业有很大的帮助。有一个调查，如果夫妻关系好，或者父母、兄弟之间关系好，事业的成功率会更高，其实这里面还是有深刻的心理学原理的。

人的效率和情绪有相当大的关系，而我们的情绪一部分是来自和家庭成员的相处关系。因为我们在错综复杂的社会中，不但时刻需要隐忍，压抑自己的不良情绪，还需要左右逢源，应对很多复杂的问题，所以当我们回到家往往就会希望能够拥有轻松的氛围。可如果家庭关系不好，这个放松的机会就没有了，还有一部分人可能在家庭中情绪会更加压抑。

实验表明：每天20分钟的高质量互动能让家庭成员的幸福度大大提升。

这个互动不包括关于家庭琐事的对话，也不是共同教育孩子，而是两人之间的深度沟通。比如：我们可以在吃饭的时间和家人沟通，或者晚饭后夫妻出去散步时聊天，或者夫妻陪着孩子去附近的小公园、篮球场适当运动。这样坚持一段时间，你会发现家庭越来越和睦，你的事业也会稳步上升。

【锦囊32】每天至少投入20分钟的家庭高质量1∶1互动（如图5.3.2）。

图5.3.2　在珍时App设定每天20分钟家庭互动清单

5.3.3　这样娱乐才能让你真正愉悦

说起娱乐休闲维度，大部分人可能觉得这个维度其实没有什么好说的，反正我空下来的时间随便用。看电视、看抖音、看微博、逛知乎、看报纸，或者看小说、玩游戏，完全没有必要做计划。

其实也并非如此，上述这些事情看似是在休闲娱乐，但实际上如果只做这些，休息质量是不高的。它们属于一种相对无序的状态，只有输入没有输出，这种单向的活动没有办法让我们非常好地休息。最好的休闲娱乐是培养一些稍微复杂一点的爱好，比如弹琴、唱歌、跳舞、养花等。

比如，我每天晚上会弹20～30分钟古琴。一方面美妙的旋律会让我得到放松，另一方面，我可以把我当下的情绪抒发在弹奏中。同一支曲子可快可慢，可以轻柔，也可以刚强，相当于用古琴和自己对话，感觉妙不可言，身心得到极大的放松。

唱歌也有异曲同工之妙。烦闷时用力吼出来，能极大缓解负面情绪。

跳舞能让人根据节奏进行变化多端的身体舞动，既能享受舞姿的美妙，又能活动身体的各个部位，可谓一举两得。

养花相对比较简单，但通过每天浇水，观察花的生长、闻到花的芳香，也会让你感觉淡淡的欣喜和放松。

这样的休闲活动能让我们的精力真正得到恢复，情绪得到滋养。

【锦囊33】每天安排30分钟的高质量休闲时间（如图5.3.3）。

图5.3.3　在珍时App设定每天30分钟的休闲时间

5.3.4　冥想的魔力

心灵维度，教人们独处时建立良好的心灵秩序。

人虽然是群居动物，但是做很多高质量的事情，还是必须要有独处时间的。比如看书、做题、研究问题、思考新的创意等，都需要独处。

独处的时候，经常会发生的事情是：脑子里有100个念头，太多的念头会严重影响当前的思路。

实验证明：健康人每5分钟有20多次注意力游走。在我们赶不走这些杂乱念头的时候，就需要一些心灵活动。比如每天冥想10分钟，就是非常有效的训练专注力的方法。

冥想的原理是：通过关注呼吸、关注引导词，把注意力集中于一个点，这样就能够把其他与当前活动无关的事项都屏蔽掉，全神贯注地关注当前的重点，效率就能够显著提高。

冥想的另一个功能就是提高睡眠质量。睡前听一段冥想音频，能够使我们更容易进入睡眠，睡眠质量会显著提高。

【锦囊34】每天安排至少10分钟的冥想时间（如图5.3.4）。

图5.3.4　在珍时App设定每天10分钟的冥想时间

本节练习：合理安排健康、家庭、娱乐、心灵重复性事项

6

SIX

活在当下，幸福随时随地

6.1

空间管理——惬意的同时助力时间管理

6.1.1　人的一生要花多少时间找东西

你有没有一件东西找来找去，找了半天都找不到的经历？

我记得有一次，我为了找一样东西上上下下跑了4层楼，那天在家没出门，也没有用跑步机，居然走了1万多步。平时我每天走路约3000步，就因为找东西这件事让我多走7000多步。按照正常的走路速度，差不多我这天花了整整一个小时在找东西。

于是那天我就在思考一个问题：人的一生中会花多少时间用来找东西？我查了一下资料，结果大吃一惊：人的一生花在找东西上的时间约为3年！

天哪，按照当前人的平均寿命78岁算，人一生中要花28.3年的时间睡觉，约占总寿命的1/3；若每天工作8小时，那么花在工作上的时间是10.5年；消磨在电视、社交媒体上的时间为9年；做家务花掉6年；吃吃喝喝花去4年；购物、化妆打扮再去掉2.5年……算到最后，真正属于自己的时间只有短短的9年！如果还要减去找东西的3年，那只有6年时间是真正属于自己了。

于是，我就开始研究怎样尽量缩短这个时间。

我们先看一下为什么要花那么多时间找东西？

第一个原因是我们的东西太多了。据统计，中国人人均拥有15000个物件，而和我们文化相似的日本人，人均只有5000个。为什么会相差这么多呢？

一方面，是因为中国近年来经济社会发展迅速，而人们刚刚从相对贫穷、物质短缺的时代迈入小康社会，物品琳琅满目，产生了很强的补偿心理，喜欢买买买。

另一方面，中国总体上的产能是过剩的，商家为了卖出更多的商品，也在不断利用各种促销手段，让你买一堆可能暂时不需要的东西。

第三方面则源自中国人的节俭本性，很多东西不舍得扔。以前就有一件衣服"新三年，旧三年，缝缝补补又三年"的说法。虽然现在很少有这种一件衣服穿9年的事情，但是可能有很多衣服买回来后觉得并不合适，只穿了一次，甚至一次都没穿，就一直放在那里，也舍不得扔。

这三个方面的原因会导致东西越来越多。

我在买别墅之前，曾经去看过很多二手房，大多数的二手别墅都是东西堆得满满的。甚至有一家三层楼的别墅，房主会把一些厨房用的瓶瓶罐罐堆在楼梯上。我还不至于这么夸张，但是前面所说的这三个问题都是有的。

找东西之所以花费时间太长的第二个原因就是不会收纳。物品安放没有规则，也没有记录，导致找的时候不能明确定位，只能满屋子找。

我们所有的物品可以分成以下7类：衣物、书籍、文件，入口类、清洁类、小物品、纪念物。

那一般按照什么原则来放这些物品呢？

一般而言：

衣服我们会放在衣柜里，但也有放不下的会放在五斗柜、收纳箱中，有些家庭还会胡乱堆在沙发上；

书籍放在书柜里；文件放在抽屉里，也有部分放在书柜里；

入口类包括两种，洗漱类的用品一般会放在卫生间，吃的东西一般会放在厨房，但是也可能带进客厅、书房、卧室；

客厅清洁类的一般会放在卫生间、阳台杂物间或者某个角落；

小物品可能就随便放在任何地方；

纪念物中，想展示的会放在客厅里，还有很多以前的老照片，放的地方就比较随意了，书柜、抽屉、储藏室、杂物间、收纳柜、桌面、阳台……东西又多，摆放又没有规律，就会使我们找东西的时间越来越长。

6.1.2　这样收纳才能永不复乱

也许你曾经看着乱糟糟的房间忍无可忍，终于抽出一两天时间，把所有的物品都整理了，看着整洁的房间，心里油然而生一股成就感。

但是仅仅过了几周或者几个月，家里又是一片杂乱。我们到底怎么做才能一劳永逸，让家里不再复乱呢？

简单而言：<u>分类收纳，每天归位。</u>

先说衣服，这点男生相对来说还好，女生最头痛的就是出门时永远缺一件合适的衣服。

其实真的缺吗？打开衣柜，琳琅满目都是各类衣服，但很可能当季和过季的衣服混在一起，于是不得不一件一件拿出来翻找，往往弄得身心俱疲。在这种情况下判断力也会下降，即使那件合适的衣服出现在你眼前，可能也因为挑选的疲惫而忽略。

怎么来应对这个问题呢？我们可以有两条思路：一是学会收纳方法，自己收纳整理；二是寻求专业帮助，请专业的整理收纳师上门服务。

我们这里主要说一下自己收纳的情况下应该如何做。先从使用频率最高的衣物入手。

（1）把衣服都拿出来，分门别类放在床上。这步很重要，你只有把所有衣服都拿出来，才知道原来自己有那么多衣服，或者某个品类有太多的衣服。

我曾经在搬家的时候，把岳母所有的羊毛衫放在露台上晒，数了一下足足有20多件！岳母完全不相信她有这么多，直到我向她展示拍下的照片。

当然这个工作还包括把所有的鞋都拿出来堆在地上，你就可以直观地感受自己到底有多少双鞋子，其中相当一部分你可能早已忘记它的存在了。

这个时候你就有决心断舍离了。

（2）对每件衣服进行审视。对于有选择恐惧症的朋友，教你一个简单的方法：如果这件还在橱窗里，你现在会不会买？如果不会，就坚决流通掉，只留下让你心动的衣服。

流通可以有几种方法：看衣物的成色，可以选择捐掉，或者上二手市场卖掉，不然就直接扔掉。

（3）外衣分三季放三堆：春秋、夏、冬。春秋的外衣厚度基本上类似，可以混用，所以可以放在一起。

（4）分上衣、下衣、连体衣，能挂尽量挂，不方便挂的叠成方块竖放在抽屉柜里。三季放在不同区域、不同柜体或同一柜体的不同区域。一般而言，建议挂叠比为7：3，挂着的衣服和叠起来的衣服数量大致为7：3。

（5）内衣放一堆，用抽屉柜叠成方块竖放，这样就能一眼识别是哪件，也能立即取出，不用为了取一件放在下面的衣服而把上面的衣服都先拿出来再放回去。

下面我们再讲一下书籍，虽然你可能有书柜，但是很有可能想找某一本书却找不到。

这里推荐的方法是把书按照种类区分开来。比如我家的书柜分类就是按照人生8个维度：事业、健康、人脉、理财、心灵、学习、娱乐、家庭。除此之外，还可以把自己的专业类书籍专门归为一类。比如我的时间管理书籍大约有50多本，就专门归为一类。

当然这8类书的位置具体怎么摆放，可以根据自己的喜好。

比如，事业需要我躬身入局，所以我就把事业类书籍放在书柜的下层。

健康类我放在最上层，因为喜欢读书的人，颈椎经常容易僵硬，找健身的书就会仰起脖子，让颈椎运动一下。

而学习类和心灵类的书是我研究时间管理的重要支撑，所以放在时间管理的下一层。

理财书我把它们放在和眼睛平视的格子，这体现了我对财富的态度，既不拜金，也不视之为粪土。

家庭类书也是如此，采用平视的态度，既不奉为生命第一要务，也不放到最低层。

休闲娱乐类书籍，属于人类的动物脑、低端的快乐，放在最低一层。

我没有多少人脉类相关书籍，所以把人物传记类书籍归到这一类，放在低层，并非我倨傲目无故人，而是我觉得应该俯身求教，吸取先贤精华，站在巨人的肩上，最终在某领域超越他们。

除了专业主题和8大维度，当然还可以有其他类别的书。

比如哲学类、国学类和科技前沿类的书，让我仰望星空，提升认知，我把它们放在高层。

当然除此之外还可以有一些别的维度，比如我特别喜欢科幻小说，那么就把它专门放在一格，如果一格不够放，就放另外一格。

建议专门留出一小块区域放自己最近正在看的书，以便想看时马上就能够抽取（如图6.1.1）。

图6.1.1　我的书柜布局

这里又有3个小窍门。

窍门1：如果某一类的书比较少，远远放不满一个格子，那么就可以把多个类别的书放在一个格子里。如果一个格子放不满一类书，而又放不下两类书，那就宁可空着，用书立顶住书，以防书籍滑落。

窍门2：把同一类别的书，从左到右，按书本的高度从低到高排列。一方面比较美观，另一方面，通过高度差能够很容易地发现两类书的分界处，找书更方便。

窍门3：让书的外立面保持平整，不要把书推到底。因为书的宽度不同，推到底就会显得这个格子里面的书参差不齐，影响美观和拿取。

除了书，我们还有大量的文件。比如装修的合同、发票、保修卡、说明书、保险合同、理财计划书、银行账单、水电煤账单等。

建议把他们大致分成两类：一类是必须保存，偶尔拿出来一用的，比如各类合同证照。可以把他们放在文件夹里，归类后竖放。证照可以放在专门的证件收纳包里。各种账单、发票放在文件抽屉柜里，可以随时放进去和拿出来。

入口类可以分成4种：厨房用具、食物、药品和洗漱用品。

厨房用具一般都放在厨房。但也要全面整理一下，把所有的厨房用具都拿出来，分类放在地上，看看是否有重复的、多余的、过期的物品，这些坚决流通掉。

食物又分食材和即食类食物。

食材需要冷冻、冷藏的放冰箱里。不需要冷冻、冷藏的最好用可叠放的食材盒、瓶子堆放在一起。

各种即食类食物建议一律放在客厅，有条件的话在餐桌边上放一个餐边柜。这样有两个好处。

（1）避免因为贪吃造成体重增加。如果放在书房、卧室等随手就能拿到的地方，很容易不知不觉地摄入过多的热量。

（2）保持书房、卧室的整洁。我曾经有个坏习惯，把坚果带到书房边吃边看书。看上去好像是很惬意的一件事情，但实际上，果壳垃圾会洒在桌上和地上，非常影响我的专注，还会招引蚂蚁、苍蝇和一些叫不出名字的飞虫。

清洁类的物品相对比较简单，一般小件物品可以放在卫生间的卫浴柜里；大件的如扫帚、拖把等，建议放在阳台、储藏室等平时视野之外的地方。

小物件的品种可能最多了。包括各类工具、孩子的玩具、电子类产品等。

先将它们全部拿出来，分门别类摊在地上，然后按照体积大小，放在合适的、方便拿取的收纳盒中。

各类工具可以放在工具箱里；各种电子产品可以放到一个个抽屉柜里；特别小的物件，比如钥匙、回形针、燕尾夹、耳机等可以放在储物格里并贴上标签，然后录入实物字典，这样每样东西就能很方便地找到了。

最后讲一下纪念物。包括老照片、信件、旅游纪念品、奖状、奖杯。这些东西不太常用，有些东西可以放在客厅展示，建议把大部分放在一些收纳柜、抽屉柜中，以便下次能轻易地找到他们。

整理、收纳是一件比较耗时、烦琐的事，可以一边整理，一边听一本轻松的书，或听音乐。

总体而言，我们应该对7类物品先进行断舍离，然后按物品种类和体积，分门别类找到收纳容器，就能拥有整洁有序、永不复乱的成果。

【锦囊35】分门别类，根据7类物品各自适合的方式进行整理和收纳（如图6.1.2）。

图6.1.2　用各种尺寸的收纳抽屉柜，把各种杂物都收纳好并做好标记

6.1.3　空间管理带来高效率

对于衣物、书籍、入口类、清洁类物品，只要我们分门别类地安放，如按照季节属性、体积大小、常用程度或固定位置排放，加之总体数量有限，想找一件特定的物品是很容易的。

而对于文件、小物品、纪念物之类的物品，数量特别多，很多东西也不常用，即便分门别类安放，找起来也很耗时。比如放在储藏室中某个抽屉里某个小角落的一个海外多国适配插座，一般出国才用得到，所以你要找到它可能还是要花不少时间。

解决的要点是建立"实物字典"。

所谓实物字典，就是记录物品和所安放位置的记录表，可以用Excel表格，记录物品名称、房间、收纳体、收纳容器中的方位坐标、小收纳容器（如果这个坐标下还有很多容器）。

什么是收纳容器的方位坐标呢？对于一个大的收纳容器，以左下角为原点，用 X 表示收纳容器从最左侧数过去第 X 列，用 Y 表示收纳容器从底层数上去第 Y 层。我的海外多国适配插头放在家里别墅3层储藏室壁柜的第2列，第3层抽屉的白色盒子中，则位置编码为：

3/储藏室/壁柜/2.3/白色盒子。这样，我在4层的别墅中找任何一个小物件，基本上都能在1分钟内找到。

要保持家庭的整洁成果，一定要做到及时归位。

我们现在只有扫地机器人在扫完地后能及时回到原来的充电位置，别的物品不会自己回到自己的"家"，所以需要主人帮助他们"回家"。这就是及时归位原则。最好是用完以后马上归位，并不耽误多少时间，而且能够让环境非常整洁。

如果用完后当时被打岔没有立即归位，建议每天晚饭后抽出5~10分钟，做一个所有物品归位动作，这样的话，每天早上起来就能再次面对一个整洁的家。

综上，我们讲了将每样东西都安放到合适的地方，并纳入实物字典，保持家庭整洁有序。实际上空间管理带来的远远不止这个效果，空间管理能够给我们带来显著的高效率，主要有以下3个方面。

（1）延长自主生命时间。

我们前面讲过，人的一生平均要花3年时间找东西，现在我们很有可能将一生中找东西的时间从3年降为半年，甚至更少。那相当于延长了两年半以上的自主生命时间，如果我们的自主生命时间不超过6年的话，一下子就能延长40%，实在是太超值了！

（2）更容易进入专注状态。

整洁的环境，能够让人更容易进入专注状态，乃至心流状态。因为人的神经系统过于敏感，任何眼前的物品都容易分散我们的注意力。所以，要达到并保持专注状态，需要减少眼前杂乱的物件，只保留和当前从事的事情相关的物品。

（3）形成人一物一家的和谐状态，有利于补充能量。

每天工作很忙，回到家里看到的如果是整洁的房间，想找什么东西随时能找到，想看什么书也能方便找到，会很容易进入心情平和的状态。这样家才能真的成为一个宁静的港湾、一个能量补给站。反过来，如果回到家，一切都是乱糟糟的，想找点东西都找不到，那么家里反而变成了一个耗散精力的地方。

我们生活在一个四维时空里，三维空间和一维时间，这四个维度是整合在一起不可分割的。虽说时间管理的本质是在正确的时间、用正确的方法、做正确的事情，但我们做事的同时一定身处在某个空间里，所以必定会受到这个空间的影响。

每周花一两天做关于某个品类的一次性整理、收纳，每天花5~10分钟做物品归位。高质量的空间管理，不仅能提高我们的效率，还能极大程度地增强自己的幸福感。

【锦囊36】对数量多、难以轻易找到的物品建立实物字典，并及时归位。

表6.1.1是一个实物字典的样例：

表 6.1.1　实物字典样例

NO.	物品	楼层	房间	收纳体	纵坐标（Y）	横坐标（X）
107	打火机	B1	储藏室	壁柜	1	3
444	插头	2	南书房	抽屉柜	5	3
77	望远镜	3	储藏室	壁柜	1	2
225	无人机	3	储藏室	壁柜	3	2
107	体温计	1	储藏室	壁柜	1	3
367	头灯	3	主卧	床头柜	2	1
311	蚊香	3	储藏室	壁柜	5	1
48	一字、十字两用螺丝刀	1	客厅	低柜	3	1

| | | | | | （续表） | |
NO.	物品	楼层	房间	收纳体	纵坐标（Y）	横坐标（X）
222	有源音箱	3	储藏室	壁柜	3	2
219	平衡车配件	3	储藏室	壁柜	3	2
217	USB充电器	3	储藏室	壁柜	3	2
222	证书	1	储藏室	壁柜	3	2
218	多功能电筒	3	储藏室	壁柜	3	2

本节练习：针对小物品，建立自己的实物字典。

6.2

工作和生活真的不能平衡吗

6.2.1　巧用3种时间复用容器节省时间

2020年新冠疫情严重的那段时间，全国人民宅在家里，除了游戏、电视剧大行其道，有价值的网课和在线训练营更是遍地开花，让人们可以利用难得的假期学到很多新的东西。

我和周围很多朋友都报了许多课程或训练营，比如写作、练声、演讲、理财、时间管理、PS、抖音运营、微创业……对于平时忙于生计，无暇充电的人来说，徜徉在新知识和新技能的海洋中，充实感和获得感得到了极大的满足。

随着复工的开启，很多朋友都表示买了太多课，实在来不及应对。好一点的情况是将课程勉强囫囵吞枣地学完，悲催的是顾此失彼，学学这个、听听那个，最后哪个都没学好，既浪费了钱，又弄得自己精疲力竭。

疫情期间严峻的经济形势，让很多人感到除了本职工作的技能，多掌握几个硬技能是非常必要的，该学的还是要学。怎样才能做到两全其美呢？我有以下建议。

（1）每天省出3小时。

我是一个创业者，每天工作8～10小时，周末也常常加班。2022年3月上海开始封控，家政不能上门，就需要花时间自己做家务，但我还是能挤出平均每天3小时进行学习。在写这本书的期间还同时学习了CFA（特许金融分析师），参加了新媒体写作营、直播训练营，都取得了不错的效果。平时还有日常的读书、英语口语练习、健身，只要安排合理，还是能忙得过来的。

节省时间主要靠3个方向。

a. 高能难事，提高效率。所谓高能难事，就是在精力充沛的时段做相对比较难的事，包括学习、写需求、写文案、设计、研发。

生理学家研究发现，人的大脑在一天当中有4个时段最为清醒，如果能有效利用，将会事半功倍。

第1个时段：清晨起床后。

此时的大脑经过长时间的休息，已经重新活跃起来，这时无论学习、记忆还是处理事情，思路都会异常清晰。所以，早上我起床洗漱后，练习一遍太极或晨间瑜伽。此时头脑清醒，思维活跃，我会用1小时写作或读书，这时候的效率很高，往往晚上要写2个多小时的内容，早上1小时就能一气呵成，而且写的时候内容有新意，读书时感悟也更深。

第2个时段：上午8:00—10:00。

这个时间段人精力充沛，大脑思考能力最佳，棘手的工作放在此时处理效果最好。我创业后，工作地点选择了一个离家15分钟车程的创业园区，这样，我每天8:00~8:40的这段时间就可以充分利用起来，规划一天的工作，思考当天的工作创新点。

8:55到达公司后，5分钟做好准备工作，打开电脑，泡好茶。9:00立即投入高效的工作，一般是看昨天的运营数据，找出可以改进的地方，并与运营、产品同事讨论。

第3个时段：18:00—20:00。

这个时段也是大脑的黄金时间，很多人会用它来回顾、总结一天的工作，或者用来复习功课，整理笔记。我一般18:00准时下班，18:20左右到家，在晚餐前先做一个一天的复盘，晚餐后19:00~19:30散步、整理、听书，19:30看书，做笔记。

第4个时段：睡前1小时。

此时人的记忆能力较强，可以用来学习一些专业性的知识或者记忆复杂的知识。我一般会读CFA的书，并记忆一些难记的公式。

b. 学会复用时间。8:40—8:55和18：00—18:15一般是我的上下班通勤时间，在此期间开车的同时除了听书，还可以练声，比如发气泡声、嘶声、腹部呼吸、口部操、舌部操。这样就可以复用半小时。

一日三餐至少1个小时，吃饭时可以听一些轻松的书。

晚上除了有时要加班工作、学习、娱乐、和家人互动，我一般都会用器械健身半小时或用跑步机跑半小时，再练半小时瑜伽。这段时间我会同时看直播视频，或看教学视频的回放，又节省了1小时。这样我每天就至少复用了2~2.5小时，这也意味着我的时间比别人的24小时多了2~2.5小时。

c. 善用电子设备或外包服务。晚上到家，我已经事先在网上买好了半成品，回家后开始用电饭煲做饭，用炒菜机器人炒菜，再做一个鲜美的汤，不出半小时饭菜就能搞定。期间也可以听些轻松的书或音频。饭后洗碗、倒垃圾时也可以听听轻松的书或音乐。扫地会用扫地机器人，花园浇水我会用自动喷灌设备。善用电子设备，每天差不多能节省0.5～1.5小时。

我曾经上过一些线上的操作型课程，比如Photoshop，课程安排在周末上、下午，每天总共要上6小时，作业还要做1～2小时。

这类操作型的线上课有一个特点：有较多的冗余教学时间可以复用。老师往往会反复和学生确认是否掌握，经常需要学生一个个上传自己的习作，或者打个数字或表情表示自己听懂了。有时有些同学一遍没听明白，部分内容会反复讲。

我一般在老师讲新知识要点时会认真听讲，立即做练习，老师在反复确认或重复讲的时候，我会看看微信、邮件，有时会练几分钟办公室瑜伽，舒缓一下疲惫的肩颈和腰部，既能健身又能有效恢复精力。往往在6小时中，我有1～2小时是复用的。

当然，一天也不能安排得太满，总有点意外事情发生，所以我一天的安排还是有1～2小时留白，如果有意外发生就当作缓冲用掉，如果没用掉就奖励自己看看喜欢的电影，或者唱唱歌（见图6.2.1）。

图6.2.1　当天我安排了14小时43分钟日程，但还空闲1小时9分钟

在工作日，我会利用精力充沛时段做复杂事项，节省1~2小时，利用电子设备做家务节省0.5~1.5小时，时间复用又节省2~2.5小时。在休息日，我利用远程教学的冗余时段又成功节省1~2小时。所以，高能时段做复杂的事、善用电子设备、合理复用时间，平均每天至少可以省出3小时。

（2）3种可以时间复用的事情。

对于高能时段做复杂事项、善用电子设备，估计没人有什么异议，但对于时间复用，可能有些朋友会指出：做事应该专注，一心二用其实并不能提高效率，反而会降低效率。

确实，对于需要消耗大量精力的事情，是需要专注进行的。我在工作时和读书、写文章、学英语时，都是专注进行的，这种时段就不适合时间复用，我把它们称为专注事项。

而当我们在做一些不需要消耗大量精力且简单的事情，比如洗碗、倒垃圾时，确实不用专注就能轻松完成，完成这些事项的时候就可以复用时间。我把它们称为"容器类事项"，容器里能装什么呢？也是事项，但包括简单事项、一般事项和复杂事项。

简单事项，就是不用太动脑的事项，包括只需要用耳朵的听觉类简单事项和需要用眼睛的视觉类简单事项。

我们可以把听觉类简单事项（如听书、听音乐、练声）比作石头，把视觉类简单事项（如浏览邮件/微信、刷朋友圈、刷抖音）比作沙子，把需要动手的一般事项（如处理行政事务、回复邮件）比作水，把需要动手的复杂事项（如制订计划、设计、写作）比作油。

不同容器可以装的东西是不同的，容器主要有以下3种类型。

a. 篮子类事项容器（见图6.2.2）——同时可安排听觉类简单事项。

这里，我把开车、骑车、户外跑步、走路比作篮子类事项，它们本身要经常用眼以保证安全和方向，所以只能同时容纳石头，也就是听觉类事项。

比如户外跑步不能看书，不能看视频，但可以同时听书。

同时可安排听觉类简单事项

图6.2.2　篮子类事项容器

b. 纸箱类事项容器（见图6.2.3）——同时可安排听觉、视觉类简单事项。

这类事项本身虽然有些也要用眼，但只是偶尔用用，而且不用来保证安全和方向，比如坐公交、在跑步机上跑步、在健身器械上健身，这些我把它们比作纸箱，可以容纳石头（听觉类简单事项）和沙子（视觉类简单事项）。同样是跑步，在跑步机上跑步就可以看视频，当然也可以降级使用，同时听书。

同时可安排听觉类、视觉类简单类事项

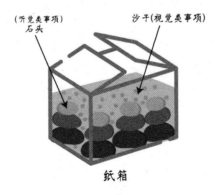

图6.2.3　纸箱类事项容器

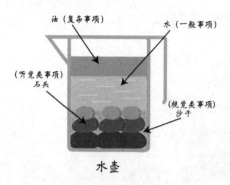

同时可安排听觉、视觉类简单事项和一般事项、复杂事项

油（复杂事项）
水（一般事项）
（听觉类事项）石头
（视觉类事项）沙子

水壶

图6.2.4 水壶类事项容器

c. 水壶类事项容器（见图6.2.4）——同时可安排几乎所有事项。

这类事项基本上是等候类，比如坐飞机/火车、候车/候机、在4S店修车、在餐厅等人，我把它们比作水壶类事项，同时可以做任何需要动手的事情，包括水（一般事项）和油（复杂事项）。某天我发现花园养鱼的池塘水浑了，要放掉一些水，再将新鲜水放进去。这个过程很长，人最好在边上守着，不然水放得太少鱼要死掉，灌水太多又会造成浪费。

于是我就坐在鱼塘边，开始做一件复杂事项——写一篇新媒体文章，在思路受阻时，就向池塘里瞄一眼。

小结一下，不太耗脑力的篮子类、纸箱类、水壶类事项，我们都可以拿来复用，做听觉类、视觉类和所有类型的事项。反过来，我们做听觉类和视觉类简单事项时，也可以主动把篮子类、纸箱类、水壶类事项安排在一起。

比如，我们每天在跑步机上跑步时，属于在做纸箱类容器事项，这时可以找一些视频教程来看。这是先有容器，后找可以复用的事项。反过来，如果晚上20:00有场直播，有些干货，但大部分是销售，不需要我很专注地看，那么它属于视觉类简单事项，我可以在安排计划时把在跑步机上跑步、撸铁、练瑜伽等纸箱类容器安排过来。这是先有可以复用的事项，后找容器。

珍时App就有这个功能，当它识别你一天中既有容器类事项，又有简单事项时，会自动给出合并建议，提醒你尽量复用时间。

（3）根据实际情况善用时间复用术。

要注意的是：根据人、场合的不同，时间复用是否合适，采取时间复用的方式也不尽相同。

a. 生理和心理素质不同。

我在熨衣服时是可以看视频的，但有些朋友可能会因为分心而烫伤手，那还不如听书、听音乐。

我有个朋友晕车、晕船、晕飞机，那他坐车、坐船、坐飞机时都没法做复杂的事项，甚至不能做一般事项，只能看看视频、听听音乐。

有些朋友开车听听音乐还行，一旦听稍微复杂点的音频，就可能影响开车，会错过路口、开错方向，那就不建议复用这段时间了。

对我来说，开车复用时间没问题，但坐车时看手机经常会晕车，所以坐出租车时我只能听书、听音乐。如果是开车去一个新的目的地，我就不敢分心去听复杂的教学音频，那就听音乐，听新闻，或者听一些不烧脑的小说。

b. 一心二用能力不同。

我在平安集团工作时，会议多（经常不是在开会就是在开会的路上）、邮件多（每天数百封）。大多数高管都养成了一种能力，就是在开会时，只要不是自己主持会议，就能够一边处理邮件，一边竖着耳朵听会议内容，一旦有需要自己应对的地方到可还能毫不含糊地做出响应，当然这技能可不是人人都能学会的。

在偶尔需要做出反应的事项期间，如果你有这种一心二用的能力，能用来复用的事项最好是可以碎片化进行的，就比如回复邮件、微信之类。

c. 场合不同。

我曾经有一位老板，是坚决不允许下属在开会时看电脑、看手机的，所以，我们在有他出席的会议上，就不能复用时间，只能全神贯注地开会。当然这样开会效率高、时间短，也是一种高效利用时间的方法。

类似头脑风暴会、企业内训这样需要全程专注的会议，本身就要全身心投入，也是不适合一心二用的。

还有一点需要注意，一心二用是要消耗大量精力的，所以在可以一心二用的时候需要确定这么做是否有必要，而且还要看当时的状态，不要太勉强自己。

哈佛大学做过一个长达80年的调查，调查结果显示人生赢家需要十项全能：赚钱的能力、财富自由的能力、健康、时间管理、空间自由、心灵自由、爱的能力、人际网络、影响力和找到人生使命。

我们需要学习的东西太多了，但不用过于焦虑，一口气是吃不成大胖子的。有一个著名的公式：$(1+0.01)^{365}=37.78$，这个公式说明即使细微的进步，只要坚持下去，最终也会取得非凡的成果。如果每天多学习3小时，日积月累，在时间的复利效应下，我们就能进步得越来越快，从而在激烈的竞争中脱颖而出，实现自己的梦想。

【锦囊37】在珍时App的高级功能中，可以如图6.2.5设定事项的复用属性：

图6.2.5 珍时App在事项中设定复用属性

6.2.2　善用时间拆分，做"时间神偷"

我们经常会觉得很多时间像是被偷走了，一天24小时不知道用在了哪里，似乎大把的时间莫名其妙就没了，事情却没做几件。

被偷走东西可不是什么好的体验，有没有办法把它给偷回来？

办法当然是有的，这就是时间拆分法。

我们先想一想：时间是怎么被偷走的？

最常见的情况就是发呆。一种是当下自己也不知道要做什么；第二种是在做一件事情，但是思绪却飘走了；第三种是被打扰，也就是本来专注在某件事情上，被手机或者被别人打扰了。特别是被信息流吸引以后，可能本来只是想着花5分钟、10分钟、半小时，结果却花了一两个小时。

还有一种情况，现在有一段空闲时间，但是又不够做事项清单中的任何一件事情，或者当前没有条件做某件事情，这种情况下时间也会莫名其妙地溜走。

举个例子：现在的时间是11:55，我前面的任务都告一段落了。12:00吃饭，还有5分钟，但是我要做的所有事情都超过5分钟，这个时间可以用来做什么呢？

这里就教大家一种"时间神偷"的方法，做自己最想做的事情的一小部分。

比如说我正在写书。一般而言，一旦开始写作，至少需要1个小时，最好是2个小时，这样我就慢慢进入了心流状态，效率会很高。

但是现在只有5分钟，我能用来做什么呢？其实5分钟还是可以做不少事：比如构思书稿，或者阅读之前收藏的还来不及看的文章，或者整理素材，而这些事情都是用手机就可以做的。

手机就像我们身上的一个器官一样，基本上须臾不离身。如果你突然有好的想法，就可以立即把它记下来。

也许你会问，这不也就节省了5分钟吗？其实不然，人的灵感往往不是在你刻意用脑思考的时候轻易出现的，往往是在你停下来的那段时间，从潜意识里迸发出来的。

当然，前提还是你之前做了大量的努力，经过了绞尽脑汁的思考，查阅了大量资料，但可能总觉得写的东西不够灵动，无法吸引读者。所以，当你到了大段写作时间，开始动笔的时候，就有可能搜肠刮肚也找不到好的灵感。

而为什么平时更有可能灵光乍现呢？这是因为在我们休息的时候，虽然意识处于一种混沌状态，但是潜意识却在不停地工作，它会把你之前的所思所想、所看所学拼接起来，然后突然给你一个惊喜。所以，灵光乍现的5分钟很有可能顶你正儿八经开始写作的半小时，甚至更多。

但如果现在并没有什么灵感，怎么办呢？这个时候可以去看一些新媒体文章、短视频以及你的收藏夹，做一些积累。

这些原来收藏的东西，很可能来自于你之前写作时搜索信息，收藏的吸引自己但没来得及看的内容。如果你在专注写作的时候，搜索信息的同时看到吸引你的东西，你非常想看但又怕打断专注。此时你可以把它收藏起来，当你没有思路的时候，就可以看收藏的东西。

如果是好的素材，还可以把它收集到素材列表中。

如果实在没有灵感，那就建议做一些很简单的健身动作。比如可以在一两分钟就做完的按摩膻中穴、极泉穴。这些健身动作可以让你精神为之一振，释放压力。也许做了一些这种动作以后，你的灵感就突然迸发出来了。

当然还有一种更容易迸发灵感的事情，就是练习冥想。我们可以随时随地关注自己的呼吸，进入冥想状态，把杂七杂八的念头排除在外，让潜意识在干扰不多的情况下，默默工作，也有很大概率能够让灵感不请自来。

其实这种方法不仅限于写作，只要是一些创意的事情都可以用，比如思考怎样做高效率的传播，怎样解决工作中的两难问题。我曾经解决的一个两难问题，其思路就是在这种情况下，突然跳到脑海里的。

【锦囊38】将大块头的需要创意的事，在碎片时间主动拆分，从而化整为零，激发灵感。

如图6.2.6，珍时App可以将大块头的清单设置可拆分，这样系统就会自动将它见缝插针地安排到各个碎片时间。

图6.2.6　珍时App中设定事项的可拆分属性

6.2.3　碎片时间可以做的事

一天的碎片时间其实很多，早上未醒透时、上下班等公交时、接孩子等候时、候车或候机时、约会等人时、会议正式开始前、排队时……我们有以下事可以做：

（1）上班路上5分钟做一天计划；

（2）下班路上5分钟做一天复盘；

（3）积累素材；

（4）整理素材；

（5）记录灵感；

（6）浏览邮件；

（7）浏览微信；

（8）翻看新闻；

（9）看收藏的文章；

（10）朋友圈评论；

（11）看短视频；

（12）听一段网课；

（13）看广告积累灵感；

（14）练声（开车时）；

（15）看小说；

（16）做简单健身动作；

（17）练办公室瑜伽；

（18）冥想；

（19）交话费；

（20）背单词；

（21）找热点话题；

（22）交水电等杂费；

（23）发朋友圈；

（24）看用户手册；

（25）写创意灵感；

（26）写提纲；

（27）打电话给维修公司；

（28）与朋友在微信上聊天；

（29）清理手机内存；

（30）备份手机文件；

（31）还账单；

（32）看是否有新股、新债；

（33）学习发音（如俄语的卷舌音）；

（34）回忆学习内容；

（35）练习外语听力；

（36）学习本地方言；

（37）做眼睛保健操；

（38）练习气泡音；

（39）学歌；

（40）听音乐；

（41）回复公众号、视频号留言；

（42）口语练习；

（43）学习服装搭配；

（44）购物；

（45）观察路人；

（46）物品归位；

（47）做物品标签；

（48）打卡；

（49）提醒他人打卡；

（50）拍下美好瞬间；

（51）跟进项目进度；

（52）看股票、债券收益并操作；

（53）看可转债行情；

（54）看理财产品收益；

（55）看分析师文章；

（56）看运营数据；

（57）测试App；

（58）远程审批；

（59）审核文案；

（60）背诵诗歌；

（61）修改文章；

（62）按摩膻中穴；

（63）练习易筋经；

（64）练习太极拳；

（65）跳舞；

（66）点评笔友文章；

（67）熨衣服；

（68）记录开心时刻；

（69）点评作业；

（70）弹一支曲子；

（71）自由书写；

（72）散步；

（73）与家人聊天；

（74）问候远方亲人；

（75）快速翻看一本新书；

（76）探索App用法；

（77）剪辑短视频；

（78）修图；

......

当然，你没必要把这么多事项都列出来，可以根据需要选择自己想做的事，根据自己的喜好程度排序。有碎片时间时，可以从上到下浏览，看到当前适合的就做。不知不觉地，你会发现一天中多做了很多事，很有成就感。

【锦囊39】将自己可以在碎片时间做的事列一个清单，一有碎片时间就做。

本节练习：选择可在碎片时间进行的事项，用"时间复用容器"做3种复用组合。

坐车时，可以听书、看书或构思工作方案；跑步时，可以听书或看视频。工程量大的事项可拆分为许多小事项，用碎片化时间逐一解决。

复用时间计划可以在纸上做，也可以借助珍时App（如图6.2.7）更高效地完成。

图6.2.7　在珍时App中设定复用属性，系统会自动安排在一起

6.3

搞定一切，享受生活

6.3.1　上有老，下有小，不要成为碌碌无为的借口

上有老、下有小，中间还有伴侣和房贷，这是很多中年人的真实生活写照。年轻的时候，谁不意气风发，谁没有宏图大志？现在这个时代给了年轻人很多机会，让他们能够早早地脱颖而出，比如谷爱凌、孙颖莎都是在30岁之前，就已经拥有了令人羡慕的事业和财富。当然年轻有一个特点，就是自己的父母还没有年老到体弱多病，需要人照顾，自己可能还没有生育子女，甚至还没有结婚。

人一旦到了中年，父母往往都退休了，身体开始出现各种毛病，孩子还没有自立，仍需要抚养和教育。于是很多人就在这个阶段失去了斗志，把以前的目标都放弃了。当然，他们有一个很好的理由：我上有老，下有小。有些家庭为了照顾孩子，夫妻中一方放弃工作，选择全职在家，家庭的收入都压在一个人身上。

在这个时段，自己购买的房屋按揭贷款还没有还完，很多人都不得不同时承担起照顾父母、抚养孩子、还房贷三座大山。人的大部分精力都花在这里，而在学习、进修方面，似乎实在没有办法分配更多的时间，毕竟职场也有中年危机，能保住手头这份工作就已经不错了。很多中年人在单位里战战兢兢、墨守成规，不敢有半点差池，回家以后，还要花大量的时间在孩子的抚养和教育上。

著名科幻小说家阿西莫夫在《银河帝国》中，描述了一个未来的场景：人类移民到其他星球以后，由于那些星球没有病菌，所以人类的寿命被延长到400岁。这样，即便抚养孩子到50岁，也不过才过了整个生命周期的1/8，还有大把时间可以活。这些新移民，都能有非常充裕的时间追逐自己的梦想。如果真的能够实现，将会是一个多么美好的世界。

可是这个世界还停留在遥远的未来，我们在现在的情况下，上有老、下有小，就真的无法再追逐梦想吗？

这里我想讲讲自己的故事。我28岁结婚，29岁生子。那个时候虽然已经有了尿不湿，但我们普遍有一种观念，就是尿不湿对儿子的身体会有一定影响，所以一定要用棉布材质的尿布。于是，我每天回家有一项工作，就是洗尿布！每当我洗完尿布，院子里总是彩旗飘飘，蔚为壮观。

当时我的父母也是年迈多病。父亲以前在一个化工车间工作，因为工作导致肝部受到严重损伤。母亲一直体弱多病，是个药罐子，几乎每年都会生一场大病，总是需要住院。我和哥哥自上初中起就经常需要去陪夜。

记得有一次父亲住院的时候，医生嘱咐他不能起床，小便必须在床上用尿壶解决。但是他晚上一觉醒来想小便的时候，迷迷糊糊中就会忘记医嘱，这时就需要我在他起床的瞬间立即阻止。但是我也不可能彻夜不睡，毕竟第二天还要上课，所以我就拿了一根绳子，一头绑在他的手腕上，一头绑在我的手腕上，这样每当他一起身，我立马就能醒过来及时照顾他。

即便在医院里，也是有很多时间可以利用的。我从小就习惯了在医院陪伴父母看病的流程，无非就是挂号、问诊、做检查、排队付费、取药、取报告、住院陪护。

其实我们仔细分析，就能发现在这些事情当中，只有问诊这件事情是需要集中注意力的，其他的事情一般只需要很少的注意力就可以。

比如排队的时候可以动用听觉能力听书，打吊针陪护的时候也可以看书、做作业，当然要记得隔一段时间看一看点滴是否打完。我一般的做法是在液体刚挂上去的时候，问护士大概需要多长时间，然后在这个时间前的十分钟定一个闹钟，这样我就可以有大把时间安心看书或者做其他事情。

虽然小时候我比同学承担了更多的家庭压力，但我的成绩还是名列前茅，从未掉出班级前五，考班级第一甚至年级第一也是常有的事。

当然病人是需要情感陪护的，在父亲或母亲精神好的时候，我会和他们聊天，以免他们太过无聊或者胡思乱想。不过大部分的时间他们是需要静养的，所以当他们静养时，我也会利用起这大把的时间做其他的事情。

从这个方面来说，即使身处医院，我也是有机会和时间认真读书、努力学习的。在医院这种地方，鼻子里时刻充斥着消毒药水的味道，目光所及之处都是病患和家属忧郁、痛苦的表情，如果不做一些其他事情，情绪是很容易消沉的。当我沉浸在书中时，对于周围令人不悦的信息刺激就很少关注，这样就减少了我的精神熵。

说完上有老，再说下有小，陪孩子做作业的时候，完全可以自己拿一本书在旁边看，这也是为孩子起到了一个非常好的表率作用。

孩子做作业的时候，家长如果在边上一直盯着他一举一动，会让孩子有很大的压力，容易心烦，效率反而不高。

当然有些父母会争辩说，我不时刻观察他，他要是不认真写作业怎么办？而且如果孩子题目不会做，不是需要我辅导吗？

是的，我的建议是确实不应该辅导。

很多家长帮孩子辅导是因为自己会做。在这种情况下，看着孩子不会做就会着急，自己上去帮忙。实际上这是得不偿失的。

现在的作业越来越难，如果从小让孩子养成了依赖性，那么到你辅导不了孩子的时候，你该怎么办呢？现在很多家长在孩子三年级以后就已经辅导不了了。双减政策后，学科类辅导班又没有了。所以，既然总有自己辅导不了的一天，不如早点甩手，让孩子养成自己探索、解决疑难问题的好习惯。

家里如果有一个读书的好氛围，孩子从小耳濡目染，也会喜欢上学习。这样做不但你自己节省下的时间，可以用来提升自我或做其他事情，而且还能养成孩子自己动脑筋解决问题的好习惯，何乐而不为呢？

对于我的儿子，我和妻子也从没辅导过他，他也一样成才。从国外留学回来后，进了一个上市公司干得得心应手，同时还在读名校的在职硕士。

就是在这样上有老、下有小的环境中，我和妻子在事业上获得了成功，都在上市公司担任高管，直到实现财务自由。

所以说，<u>办法总比困难多，只要不忘初心，精心规划好时间，鱼和熊掌是可以兼得的</u>。

6.3.2 缺少时间，还是能把所有事都办了

每个人都在说自己没时间，但是我们经常会发现一个有趣的现象：越忙的人，越能够把所有的事情都办了。反而那些不那么忙的人，你委托他办一件事情，虽然他明明有大把的时间，但是到了截止时间还是没办成，这到底是什么原因呢？

你一定知道龟兔赛跑的故事：兔子正因为觉得与乌龟相比，自己取得比赛胜利是件轻而易举的事，所以可以先睡上一觉。这就是很多并不那么忙的人老是误事的原因。

我们每天除了吃饭，睡觉花了10小时，还有14个小时。如果去掉8小时工作，还有6个小时可以支配。这当中如果要抽1个小时来学习，只是占用了其中1/6的时间，我们还有大把的时间可以做别的事情。

问题就往往出在这里。很多人在忙完一天的工作后，觉得还有大把的时间，先不着急干正事。既然现在有点累，那先刷刷抖音、购购物、追追剧、玩玩游

戏，恢复一下精力再说。殊不知这些短视频、购物App是吸引注意力的高手，它们为了商业利益会想尽办法抓住你的眼球，让你把更多的时间耗费在它上面。结果不知不觉就一个小时接一个小时地过去了，等到你猛然惊醒，已是夜半时分，想想第二天还要上班，还是快点洗洗睡吧。虽然心里可能还想着第二天怎么也不能这样糟蹋时间了，但是第二天，时间还是会被这样浪费掉。于是，日复一日，每天4~6小时就这样消失了。

我有个朋友，前一阵连续加班忙得三餐都不太规律，得了胃病。当她看完病从医院出来，觉得自己实在委屈，决定辞职回家做自由职业者。

她分析自己得病的原因，认定是前一阵工作太忙，吃饭不准时，外卖不健康，同事中"猪队友"太多，老板的脾气也让人捉摸不透。她本身性子就急，生气伤胃，所以就打算回家寻找自由。

她盘算了一下，病假这几天就是对自由职业的一种预演，每天都能省4小时通勤时间，自己做饭和保健养胃最多花2小时，还能省出2小时。

但现实是，通勤时间省下了，其余时间都荒废了。在家完全没效率，每天眼睛一睁，一个上午过去了，眼睛一闭，一整夜过去了，再加上吃饭、聊微信、刷微博，一天什么也没干就这么过去了。

她以为做自由职业能利用自由的时间成全自己，最终却把自己变成了废柴。

忙到崩溃的时候，总想着什么时候有点自己的时间，可一旦时间都任由自己支配，反而过得很累。

于是，病假一过，她就赶紧乖乖回去上班了。

废掉一个人，就让他闲着、闲着、闲着。

反过来，那些特别忙的人就有点像龟兔赛跑中的乌龟，知道自己根本没有富余时间，只有珍惜每分每秒才有希望获胜，所以他们就有很强的动力把每件事情都安排好。在他们把这些事情都安排妥当的情况下，可能就剩不了多少富余的时间可以玩乐了，有些人甚至连必须做的事情都来不及做，恨不得从吃饭、睡觉当中找时间。于是比尔·盖茨喝果珍不冲水（因为他觉得肚子里有水），埃隆·马斯克每次午饭都控制在5分钟之内。

当然这是非常极端的例子，我还是拿我自己来剖析一下。

不论我在创业还是从事之前的工作，一天除了吃饭、睡觉的9小时，工作要花8~10个小时，做家务半小时，家庭成员高质量互动20分钟，教育孩子1小时，学习2小时，理财10分钟，健身+冥想1小时，打理人脉半小时，休闲娱乐半小时，基本上就没有多少富余时间了。不过我一般还是留出1小时应对意外事项，所以不得不精打细算，把所有必做的事情安排得满满当当，才能保证这些事情都能完成。这样的话就不会有多余的时间去刷视频、追剧、打游戏、冲动购物，所以就不会浪费额外的4~6个小时。

正因为忙碌的人没有多余的时间，所以每件事情所花的时间会尽量不超过原计划用时，相对而言，他做这件事情的时候就会更加专注。比如说现在有份报告，半小时之内要交，你平时写这份报告的时间就是半小时到1小时，这就意味着你没有1分钟可以耽搁。这个时候如果有别人来打扰你，你肯定会说："不好意思，我现在正在赶任务，真的不能被打扰。"但如果你还有富余时间，你就很可能会被紧急而不重要的任务所干扰，一旦被打扰，再回到原来的状态平均要花15分钟时间。根据我们前面提到的研究成果，一般人一天当中至少有25%的时间额外耗费在被打扰和恢复原来状态上。

忙的人还会千方百计复用时间。因为实在太忙，所以他会尽量利用各种可以复用的时间来听书、学习或做一些其他可以复用时间的事情，比如在飞机上处理工作，在火车上看书等。

忙的人比不忙的人可能一天会多挤出3~4个小时，所以他反而能够完成更多的任务。

有一本书叫《就因为"没时间"，才什么都能办到》，也是阐释了这个道理。作者是吉田穗波，5个孩子的妈妈。她原来在一家大医院做医生，同时还养育3个孩子，在怀孕期间考取哈佛博士，并在读博期间又生了一个孩子。

越忙，越会珍惜时间，才更有可能把所有想做的事都做了。

【锦囊40】盘点自己一天所有事情的耗时（不含吃饭、睡觉），如果没有超过10小时，但总觉得很多事来不及做，就给自己多安排点事，比如学会时间管理，考个证书，参加读书会，学一门乐器，让自己忙起来。你会发现，原来来不及做的事情都能安排得井井有条。

6.3.3　这样安排假期

对于上班族而言，一年365天有104个周末，还有一些额外假期，元旦1天、春节3天、清明节1天、劳动节1天、端午节1天、中秋节1天、国庆节3天，共11天。如果再加上年假5~15天，我们就拥有120到130天的休息日，差不多占一年时间的1/3。

教师和学生还有暑假、寒假约60天，所以对他们而言，一年中有一半的时间是节假日。

这么多节假日应该怎么用呢？大家第一个能想到的肯定是度假，特别是长假期间，全国各地的著名旅游景点人山人海。但是我们度假究竟是为了什么呢？不就是为了获得幸福快乐吗？逢年过节扎堆旅游，景区里人满为患，通往景区的交通要道拥堵不堪，甚至出现了在高速上点外卖的奇观。

到了景区拍照、上洗手间都要排长队，幸福感大打折扣。

信息时代，网络几乎无所不在，无论你在哪里，别人都能找到你。我曾经在很多旅游景点看到一些IT工程师接到公司的紧急电话，不得不打开笔记本电脑紧急处理突发事件。

我自己也曾经有过这种经历。对于一个有责任感的管理人员而言，我虽然在假期期间发了OOO Notice（Out Of Office Notice，放假提示自动回复邮件，提醒对方自己可能无法及时处理邮件），但还是注意让自己的手机保持畅通。

曾经有一次我和家人坐游轮度假，在上海附近的海面遇到台风。而在此前，我接到公司的电话，需要在这段时间处理紧急事务。游轮停留在公海上，舱室里没有信号，我就不得不走到游轮顶部才能接到微弱的信号。幸好我有移动、电信、联通三张卡，轮换着使用才能勉强保持联系。但是有些事情必须在电脑上处理，我就不得不租用昂贵的游轮Wi-Fi进行工作。游轮上很多有趣的设施和活动我都没有兴趣享用，所以这次度假的幸福度也大大降低。

怎样才能在节假日过得舒心，又不耽误事业呢？

其实也不难，将自己的工作进行分类，找好相关的职务代理人，妥善安排休假时间，做好预案，就能过一个舒心而又不耽误事业的节假日。

下面我们具体展开一下。

（1）平时要将自己的工作分类，找好职务代理人（B角）。

自己的工作一般有两类：一类是必须自己做的，一类是可以委托出去的。

哪些工作是可以委托出去的呢？一般都是一些日常工作，比如各类审批、对于紧急故障的处理、上级下达的一般任务的执行、下级一般事项的请示、合作伙伴的常规互动等。这些一般是有流程可依的，只要流程清晰，做决策不需要主观判断，可以全权委托给自己的代理人。

我在一家500强公司任职的时候，公司要求每人必须要找到一个代理人。这个代理人一方面可以在自己因故不在、休假或生病时代理自己的职责，另一方面可以作为自己的继任者。

看到这里，你是否会觉得有一丝威胁呢？如果有一个人能够在你不在的时候全权代理你的职责，而且以后还是你的继任者，那你自己在企业里的岗位是否岌岌可危呢？

其实大可不必如此忧虑。在一个成熟的大公司，是不能出现因为一个人的缺席而导致崩盘的状况的。

不论你是休假还是请假，你总有可能有段时间不在公司。如果这个时候你的工作崩盘，那只能说明你的能力有问题，或者说明你是一个不愿意分享知识经验的人，如果真是这样，那么你已经接近于被淘汰的边缘了。

我在工作中也会碰到一些所谓的技术大拿，写出来的软件代码别人都看不懂，所以一旦他走了，别人也无法接手。甚至有一个员工在自己的代码上写下这样一行注释："此乃神级大作，切勿修改，否则后果自负。"

对于这样的人，我会怎么处理呢？我会先做他的工作，希望他把自己的代码注释写清楚，让别人能看懂。如果他拒绝这样做，我宁愿找别的技术人员把他这段代码重新写一下，然后把他开除，也不会接受这样的人存在。因为这种人品有问题的人，随时可能会因为一些利益而离开，留下一堆别人无法接手的活儿。

我和同行交流过，基本上大家都是这样的做法。每个人都必须明白，地球不会因为缺了你就不转了，所以千万不要有这种把一些所谓的职业诀窍藏起来，不让人知道就能够保住位置的想法，否则只能适得其反。

那么保住自己的位置，还能不断升职加薪的保障是什么呢？是那些你不能委托出去的部分，也就是由你的知识、才智、人际关系、项目管理能力、疑难问题的解决能力、市场稀缺的专业能力、超常的思维能力等综合素质结合而成的你的个人独特优势。另一个人过来，能接下你的一般日常工作让这个岗位基本运转，但是你能够比他干得更好。

哪些工作是不可以委托出去的呢？是没有流程，必须依靠自己主观判断才能完成的工作。比如一些需要主观判断的审批、上级下达的需要创意的工作、下级的疑难事项的请示、和合作伙伴的非常规互动、与上级或下属的一对一沟通……

对于没法委托出去的事项，那就要提前安排好时间，事先做完或回来再做。

（2）妥善安排休假时间，做好各种预案。这其中也包括与上级提前打好招呼，并且说明自己不在的这段时间所有事项的预先安排。

我曾经有一个痛彻心扉的经历。在我某次休假前，正好有一次对下属的半年绩效打分。本来我对所有下属已经打完分了，根据我对他们的判断，不会有太大的反弹。但是临走之前上报给我的上级时，上级指出他对其中某一位经理特别不满，建议我给他打一个低分。我知道这名员工肯定会对这个分数大为不满，一定要多做工作，但是当时没有时间了。我想反正这个指令也是老板下的，虽然心里隐隐有一丝不安，但还是给他打了低分，并且没来得及跟他一对一沟通，就休假去了。

等到我十多天以后回来，发现已经天翻地覆了，这位下属以为是我在故意针对他，于是利用他在公司资历比我老的优势，说通了某个事业部的老大把他和他负责的这块业务挖过去。等我回来时，生米已经煮成熟饭。由于这个业务部相当于是公司内部的甲方，所以他后来在工作中利用甲方的权力，处处与我作对，给我的工作造成了很大的困扰。

所以如果想要在休假时过得安心，需要做到以下几点。

a. 妥善选择休假日期，避开自己不能委托代理的事情或者项目，留有一定缓冲期。避免出现意外情况，在事情没有处理完之前就去休假。

b. 对自己可以委托代理的事情做好详细的流程、处理原则，让代理人可以按图索骥。即便公司没有强制让你指定代理人，自己平时也应该物色好一个，在必要的时候能够忠实执行自己指令的下属作为自己的代理人。

c. 做好应急预案，针对自己职权范围内可能发生的重大紧急情况应该怎么处理，做好详细的预案，有条件的话进行演练，以便让下属能够从容应对。

d. 发一个OOO Notice，设置邮件自动回复，当别人发邮件时就会自动收到这个回复，告知他你休假不在办公室，有事情休假回来以后再处理，当然也可以留下自己的紧急联络方式。如果自己去某些地方有可能信号不通，也应该一并告知，以免对方找不到你产生焦虑。

做好这些事，你就可以安心地去度假了。

当然如果还是发生了一些必须由你亲自处理的事情，比如说发生了没有在你的业务保障计划里的应急预案的紧急事项，下属又做不了主，那么你还是要在休假的时候处理。但是做好以上4件事情，就可以把休假时被打扰从而不能舒心休假的概率降到最低了。

【锦囊41】平时要将自己的工作分类，找好职务代理人，妥善安排休假时间，做好各种预案，就能过一个舒心而又不耽误事业的节假日。

本节练习：将自己的时间安排到只剩1~3小时的空白时间。

7

SEVEN

三种方法，轻松战胜拖延顽症

前6章讲了各种时间管理的方法，这一章是实战应用，我们会用到前面讲的各种方法，轻松战胜大部分人都深恶痛绝但又无可奈何的痼疾：拖延症。

7.1

了解拖延原因，迈出"战拖"第一步

打开百度，搜索"拖延症"，可以查到约1亿条信息，可见拖延症确实非常受关注。如果查"战胜拖延症"，也能查到826万条信息。可为什么还是有那么多人非常急切地想战胜拖延症，但总是无法奏效呢？

原因很简单，没有对症下药。就像感冒，根据病原菌可以分成病毒感染、细菌感染以及非典型性病原菌。

病毒感染导致的感冒，可以考虑用抗病毒的药，如利巴韦林，或用清热解毒的中成药，如板蓝根；细菌感染导致的感冒，则可以用头孢、阿莫西林、阿奇霉素、红霉素等药物；非典型病原菌导致的感冒，可能需要选择大环内酯类的红霉素、罗红霉素、克拉霉素、阿奇霉素等。

用错了药，可能导致治疗无效，甚至适得其反。拖延症也是一样，必须先了解拖延的原因，对症下药，才能药到病除。

7.1.1　这14种拖延原因，你占了哪几种？

（1）压力过大。

压力是针对威胁或危险产生高度焦虑的认知及反应。

压力大会让人产生应激反应，从而降低人的理性，这时候人就会趋于感性，不想现在做自己必须做而又不喜欢的事，把事情往后拖一拖，至少能让自己现在的感受好一些。

（2）意志力薄弱。

意志力是指一个人自觉地确定目的，并根据目的来支配、调节自己的行动，克服各种困难，从而实现目的的品质。

当我们在做一件有难度的事，或者理智上要做某件事但情绪上又不想做时，我们就需要意志力。因为大脑总是会选择容易的事先做，或者选择自己感兴趣的事情做。比如玩游戏，可能有难度，但我们不需要意志力也能玩下去。而你计划中已经定了现在要做一件难事或者情绪上不想做的事，那么就需要意志力的加持。如果这时意志力不足，就容易产生拖延现象。

（3）缺乏动力。

对于重复的事情，缺乏做的动力，于是一直拖着。

（4）选择困难。

同时面临多个选择，难以取舍，于是一直纠结，什么都不做。

（5）精力不济。

要努力学习或做刻意练习时发现精力不足，于是拖到精力充沛时再做。

（6）即时享乐。

明明知道该学习了，却还是刷刷短视频、打打游戏，停不下来，追求即时享乐，不愿意延迟满足。

这是和人的动物天性相关的。人在还是猿人的时代，必须靠捕猎才能生存，每次捕猎都是很累的，而且还要面临死亡或受伤的风险，所以非常需要休息和即时享乐，从而恢复精力迎接下一场搏杀。那些不懂即时享乐的人可能在下一次搏杀中就死了，基因就无法流传下来，所以就被自然淘汰了。

即时享乐是一种生存需求，通过遗传深深地刻在我们每个人的基因里。虽然我们现在已经不需要搏杀才能生存了，但基因的变异可不是短短几千年就能完成的。

当你在做正事的时候老想着去玩儿，不必过于自责，这就是你逃不脱的天性。

（7）不懂自我控制。

比如想查一些资料，对搜索框下面的信息流中的某条信息有点兴趣，然后就一发而不可收，不知不觉看了两小时。最后自己想搜索的事反而被拖延了。

（8）期待通过"临时抱佛脚"爆发高效率。

很多人都在学生时代经历过"临时抱佛脚"还考得不错的情况。即便工作后，可能也经常会把重要和紧急的事情拖到最后一刻，然后爆发出极高效率。所以，就产生了"拖延无所谓，最后能搞定"的心态。

（9）反馈延迟。

有些事情并没有截止期限，所以就不着急做，于是一直拖着。比如看书、考证、提升学历、看望父母等。

（10）害怕失败。

对某些新的事情，比如直播、做短视频，不知道该怎么做，所以拖延。根源是对自己工作能力的不自信。

从心理层面分析，如果事情搞砸了，很多人宁愿被别人认为是自己因为过于疲劳、状态不好、时间不够而拖延，而不愿意被人认为是自身能力不足。所以，就不断往后拖延。

（11）没有思路、灵感。

比如写作，开始想写的时候，发现才思枯竭，就是写不出来，于是就一直往后拖延。

（12）完美主义。

完美主义者太在意别人的看法，或者自己有完美主义的情结，所以不断地制订计划，或做各种准备，就是不开始行动。

（13）抑郁状态。

这种状态是严重的低能量状态，当下什么事都不想做，即便是能够给自己带来即时享乐的事情都不想做。

（14）逆反心理。

有些人总是会不自觉地寻找自己愿望的对立面，也就是心里明明想往左，行动偏偏往右。比如明明知道应该早睡，就是磨磨蹭蹭，没做什么重要的事，一直熬到深夜。

人的内心总是渴望自由，不希望被束缚。所以，越是需要做某事，就越想放纵自己不做某事。

当然，也许有人会说：感冒了，吃药一周能好，不吃药7天能好，没什么区别。与其费尽心机战胜拖延，不如享受当下，等实在拖不过去了，抱一下佛脚再说。

这种做法屡屡得手，就会成为某些人拖延的"理论依据"，甚至某位时间管理教练还把这种方法作为经验向大众传授：他讲到自己就经常这样"利用"拖延症，故意把重要且紧急的事情拖到最后一刻，然后爆发出极高效率。

我不怀疑他讲这些故事的真实性，但问题是这种方法是否别人也能用。

其实问题很简单，要在最后一刻爆发出高能量，而且还没被打断，你必须保证身体能撑得住这样高强度的工作，而且这段时间没有别的事情的打扰，比如：

a. 你的老板突然有更重要、紧急的事项布置给你，而且必须马上做，没有商量的余地；

b. 公司出现重大的事故或舆情危机急需你处理；

c. 你家里有急事让你不得不停下来，比如老人、孩子生急病；

但凡这几件事中的一件事插进来了，你就不得不停下来应对，或者你不得不承担其他的重大损失，包括物质上或情感上的。

这位时间管理教练为什么没有这个困扰呢？

首先他自己是老板，其次他没结婚，没生孩子，自己在北京打拼，家里老人没跟他住在一起。最后，他本人还很年轻，才30岁左右，没有精力方面的困扰。至于重大事故或舆情危机，只是他目前没有还遇到过。哪天他抱佛脚时遇到了，估计以后他也不会再发表这种观点了。

所以，要做好时间管理，不能只看某人因为某类方法获得了不错的结果，你就可以直接拿来用，因为他的条件你可能没有，而这些条件可能又是确保他的这些方法可行的前提。

我是在做职场人的时候运用时间管理方法实现财务自由的，大部分时间我是中层，上有老板，下有下属。

即便我在年薪百万的岗位上，正忙着自己的事情，老板一个电话："你上来一下。"我就不得不丢下手中的活儿跑上楼去。

我的工作是整个企业的信息技术管理，有时候系统突然出了故障，我就必须抛下所有手头上的事去应对。即便不是我自己操作排障，我也必须在现场紧盯着处理进展，在必要的时刻做出决策。

我的父母在世时是经常去医院的，父亲是当年为了抢救国家财产，进入有毒车间抢修落下了病根，母亲从小体弱多病。于是，在他们突然犯病需要急救时，我必须随时抛下手头的事情，将他们送到医院。

把希望放在"临时抱佛脚"最后一刻的爆发，很可能会造成实际上不能在截止时刻前完成任务，或者耽误了其他重要、紧急事项的严重后果。

7.1.2　了解5种缺陷，进入战拖起跑状态

上面说的这14种拖延症的原因，归根结底，是源自5种缺陷，或者说是认知或能力不足。

（1）技能不足。

压力过大，导致情绪低迷，光靠喝心灵鸡汤调节情绪是没用的。疗效一过，事情又会像山一样压过来，就是所谓的"压力山大"。

归根结底还是安排事情的能力不足。人每天有各种各样的事情，少则二三十件，多则五六十件。如果每件事都安排得妥妥帖帖，每件事情都有时间去做，那

就没什么压力了。

就像每天都要起床、洗漱、吃早餐、上班通勤、吃中餐、下班通勤、吃晚餐、洗澡、睡觉，这已经有9件事了，但是你知道这些事你都有时间去做，你不会对每天要做这9件事有压力，对吧？说到底还是安排事项的技能不足。

意志力不足也是如此，意志力是一个消耗品。如果你拥有管理意志力的技能，懂得怎样提升意志力、在什么时候意志力强、什么事情非常需要意志力、意志力缺乏时有什么办法补充，那么这个问题也就迎刃而解了。

缺乏动力分两种情况，一种是你自己做的事情非常有价值，但是你意识不到。这就涉及你是否有找到事物内在价值的技能。

另一种情况就是你做的事情对你自己而言，价值确实太低了，那么你有没有能力不做这件事情基本不影响自己的生活品质。

选择困难：比如家里东西太多太乱，到底是先断舍离还是先收纳？如果要收纳，是自己动手，还是请专业的收纳师上门服务？这就涉及多件相关事情的取舍或先后顺序问题，也是一个技能问题。

如果多件事情并不相关，但是只有一段时间可用，到底哪个更重要？这也牵涉到你对事情的重要性进行排序的能力，所以还是个技能问题。

做事情精力不济，说明你要么不知道怎么善用精力，要么不知道怎么补充精力或提升精力水平，所以这还是一个精力管理的技能问题。

（2）优先错配。

即时享乐，一般认为源于不会延迟满足，说到底还是一个优先错配问题。重要的事情先做，同样能够获得满足感，而且这种满足感是不会附带着即时享乐所带来的浪费时间的负疚感的。哪个应该更优先？一目了然。

不懂自我控制，在做正事遭遇一些诱惑时无法自拔，把当下重要的事情落下了，也是一个优先错配问题。

期待通过"临时抱佛脚"爆发高效率，万一最后一刻有更紧急的事情怎么办？明明可以早早安排重要事项，非要等到变成重要且紧急才动手，也是一个优先错配问题。

反馈延迟，如看书、探望父母，并没有一个刚性的截止时间，就一直拖着不做。说到底还是把不重要且紧急的事情，置于重要不紧急的事情之前，也是一个优先错配问题。

（3）因果倒置。

没有做过的事情不敢做，怕搞砸了，这是一个认知误区。

谁生下来就会做事情呢？只有做了才能说会做。我们一生中总会碰到一些以前没有做过的事情。在失败代价不大的时候早点做，积累了经验以后就会做了。一直拖着不做，等到拖不下去了仓促去做，才是造成失败后果的原因。

没有灵感，想等到有了灵感以后才做。这也是因果倒置。灵感怎么来？灵感往往是你先做了很多事情，付出了足够多的努力。然后在你休息的时候，潜意识把你前面的积累进行了组合，然后呈现到你的意识当中，这才是灵感，不做根本就没有灵感。

（4）贪大求全。

完美主义是一种贪大求全的问题，这也是一种人的原始本能。所谓"更高、更快、更强"，不就是能跳得更高，能摘到更多果子；跑得更快，能追上松鼠和兔子；变得更强，能猎杀狮子和大象吗！

如今，我们已经不需要更高、更快、更强来维持生存，但为什么我们早已能飞上万米高空，还要为跳高世界冠军跳过 2.45 米喝彩？我们能在高速公路上 1 小时飞驰 120 千米，还要为马拉松第一人 2 小时内跑完 42 千米而欢呼。我们能把所有猛兽都关进动物园，但还要为拳王一拳 KO 对手而尖叫？

我们的原始本能就是崇尚完美，这一点已经深深地融入我们的血液中。但实际上，天外有天，你以为完美的境界，其实在一个高手眼里可能就是菜鸟水平。完美是通过做来实现不断进化的，只有做得多，才有机会产生更多完美的作品。

（5）心理亚健康。

抑郁状态其实是人整体处于一种低能量的状态，是一种典型的心理亚健康。

逆反心理：明明知道该做，就是不想做。逆反心理在青春期比较多见。有些人青春期没有机会逆反，那么岁数大到一定程度就必须"补课"，于是就会频繁产生逆反心理。

知道了拖延的源头，再对症下药，拖延症就不难治了。

7.1.3　轻松战拖第一步

上面我们说的14种拖延症原因和背后对应的5种根本原因，其实都有解决的方案，但是这些方案可能会花比较长的时间，毕竟养成坏习惯容易，养成好习惯困难。

有一句话叫"由俭入奢易，由奢入俭难"，一般这句话的意思是对于金钱使用的态度，而时间就是金钱，我们把这里的金钱换成时间也一样成立。

拖延症其实是一种对时间的奢侈用法。虽然我们知道这样做不好，但是就像很多有购物癖的人一样，明明知道自己买了一堆没有多大用处的东西，还是克制不住自己的购物欲，有时甚至没有量入为出，不断刷卡，到头来欠下还不清的债。

同样，拖延症也是明明自己的时间并不多，但是偏偏要用原本就不充裕的时间来去做一些不重要的事情，结果导致许多应做未做的事情反而没有完成。

从这一点来讲，拖延症比戒掉购物癖还要难一点。对于后者，一个人拥有的金钱总是有限的，刷卡刷爆了，至少当月的信用额度都没有了，也没有办法再刷。但对于时间而言，只要你每天醒来，就又有了新的24小时，好比每天又多了一笔现金。这也是拖延症患者很难戒掉拖延的主要原因：还有明天。

所以我们的根本解决方案，确实可能会需要比较多的时间。但是你不用着急，我这里先给出5种简单粗暴的方法，帮你在短时间内克服拖延症的干扰，把该做的事情尽快完成。

（1）技能不足。

针对技能不足的5种拖延症原因我们建议统一采用15分钟法则。

15分钟法则的具体步骤为：

a. 明确自己要做的需要专注力的事项；

b. 把所有的干扰因素排除，比如把水杯倒好水放在边上，手机静音；

c. 尝试把注意力放到要做的事项上并坚持做15分钟；

d. 15分钟后，看看自己是否还能坚持，如果能，那么继续做；如果坚持不住，就放弃或做其他事情。

按这个方法实施15分钟后，你会发现，原来做事情还是很有乐趣的。

下面我们就分析一下为什么15分钟工作法对根源是技能不足的5种拖延症原因有效。

a. 压力过大？先做15分钟，压力就不大了。

b. 意志力缺乏？先做15分钟，也不需要太强的意志力吧？

c. 缺乏动力？虽然还没有找到动力，但是既然这个事情迟早是要做的，先忍受一下，做个15分钟也不会太痛苦吧？

d. 选择困难？任意选其中一件事情先做15分钟，感觉对了就继续做下去，感觉不对可以放下，再尝试另外一个选择。

e. 精力不足？咬咬牙就干15分钟，也不需要太多精力吧？也许你干着干着，精力又恢复了呢？这是完全有可能的。就像跑步，我们可能跑到某个时段，精疲力竭，腿越来越沉，但是过了这个阶段，就有所谓"第二次呼吸"，跑步又变得轻快了。

（2）优先错配。

对于优先错配所造成的4种拖延症的原因，我们建议：统一用记录日志并复盘的方案来快速解决。

这里的要点就是你必须在每切换一个动作的时候就记录一下，并且每天要对自己所有做的事情、花的时间做一个复盘。

下面我们来分析记录日志并复盘的方法为什么有效。

a. 追求即时享乐？当你想即时享乐的时候，必须把要享乐的这件事情写下来。这个时候就调用了你的理性，你在写的时候就会触发思考：我是不是真的现在要做这件事情？也许就在这一念之间你还是决定不做了，去做正事。

当然也有可能你还是没有克制自己即时享乐的心理驱动，那么你也如实地把这段不应该做的即时享乐的事情和所花费的时间原原本本地记录下来，然后每天做一个复盘，你就会惊讶地发现原来你在即时享乐的事情上花了这么多时间。那么第二天你就更有动力去抵御即时享乐的诱惑。

b. 不懂自我控制？比如在你查资料的时候，不由自主地点到了一些很诱惑的信息流并且一篇篇地看下去，这个时候你也要训练自己把这个行为记录下来。然后等到每天复盘的时候看看。因为不懂自我控制，走上了岔路，到底浪费了多少时间？并且检视一下这些东西到底对你有多大用处。以后你就更有意愿做自我控制了。

c. 期待通过"临时抱佛脚"爆发高效率？如果你决定"临时抱佛脚"，那么我建议你把接到任务后的所有行动和完成任务后接受反馈再处理的这段时间的事情都记录日志，这样就能够清楚地看到你在"临时抱佛脚"之前有多少时间是可以用的。在"临时抱佛脚"期间，你是否有一些紧急重要的事情没法去做，造成了什么样的严重后果？或者你因为有其他紧急重要的事情，只能放弃这次"临时抱佛脚"，或者即便你这次"临时抱佛脚"抱成了，别人对你的反馈是怎样的？你后来又花了多少时间去修正？这样通过复盘你就更能够理解"临时抱佛脚"的危害。

d. 反馈延迟？我们也可以记录一下：在你想到要去做某件重要而不紧急的事情的时候，到你做这件事情之前，你做了哪些事情是对你自己真正有益处的？这样你通过复盘也能够有拒绝拖延的强大动力。

（3）因果倒置。

对于因果倒置所造成的2种拖延症的原因，我们建议统一用事项拆分的方案来快速解决。

下面我们来分析事项拆分的方法为什么有效。

a. 对于害怕失败这种情况，我们给出的简单方案就是把一件困难的事情做拆分。我们可以拆成尝试、找资料、试错这样一个个的小步骤。每个步骤都不是很困难，那么就可以对困难的事情开始做起来了。

b. 对于没有思路灵感的问题，我们给出的方法也是拆分。在写作时碰到这种问题，可以先去网上找一些对应的关键词的文章，或者把自己收集的素材先看一下，可能灵感思路就出来了。

（4）贪大求全。

对于贪大求全所造成的拖延症，我们建议统一用番茄工作法来快速解决。

对于完美主义，我们可以用番茄工作法。规定自己在一个番茄钟内必须做完计划。不管计划是否完美，必须马上开始。只有不断地做，完美的作品才会更多的出来。

我在一家邮购公司担任IT总监的时候，老板给我指派了一个项目，打造一套面向未来的公司业务系统。我们原来有一套系统，经过几年的完善，应对邮购这项业务是绰绰有余了，但是应对方兴未艾、竞争激烈的互联网电商领域则显得心有余而力不足。其中最关键的问题就是后台无法一下子承受海量的订单，万一某个业务订单量激增，蜂拥而至的订单100%会把系统压垮。

这个时候我就出现了完美主义的问题，一门心思要打造一套非常完美的面向未来的业务系统。

既然要完美，就一定要把方方面面的问题都考虑清楚，包括产品运营、市场营销、客户服务、物流管理、售后处理、财务处理等方方面面。于是我就不断完善需求、制订计划，一不留神3个月过去了。最后老板等不及了，说他在3个月后，要搞一个很大的市场活动，我再不把这个系统做出来就来不及了。我这才如梦初醒，市场是不等人的。等我慢工出细活，把这套系统搞出来，可能市场都被那些强大的竞争对手瓜分殆尽了。

于是，我只能抛弃完美主义情结，立即行动起来，先把和海量订单最相关的两个子系统（客户服务系统和物流管理系统）的重建先提上来，做一个不那么完美的优化项目，先提升客服和物流的系统效率。

3个月后，项目上线，成功接住海量的订单。后来我们在这个项目上不断添砖加瓦，最终打造了一套生命力长达10年的完美业务系统。

（5）心理亚健康。

对于心理亚健康造成的2种拖延症，我们建议统一用参加打卡的方法快速解决。

这里我们所说的参加打卡建议一定要交保证金或者给出公开承诺，要做到保证金的损失或者信誉的损失是自己不可接受的。

下面我们来分析参加打卡的方法为什么有效。

a. 抑郁状态的问题是做事能量不足，而参加打卡，一方面，可以用损失厌恶心理激发抑郁者自身的能量。另一方面，打卡是群体活动，人与人之间的社交互动有助于抑郁情绪的缓解。当然，如果抑郁状态很严重，已经到了抑郁症的程度，一定要去找专业的医生治疗。

b. 对于逆反心理，参加打卡可以用损失厌恶心理强行压制逆反心理。

不过这些方法往往只能在短时间内见效。时间一长，这些方法可能会失去效力。所以，我们需要用后面讲的方法，从根本上战胜拖延症。

【锦囊42】针对技能不足、优先错配、因果倒置、贪大求全和心理亚健康这5种拖延症的根本原因，我们可以用15分钟工作法（如图7.1.1）、记录日志并复盘、事项拆分、番茄工作法和参加打卡这5种短平快的方法，在短时间内加以克制。这样我们就走上了战拖第一步。

其中，记录日志并复盘、事项拆分、番茄工作法和参加打卡在之前都有介绍，可以参考前面的章节了解做法。对于15分钟工作法，我们可以在珍时App首页中点击"专注"按钮即可找到。

图7.1.1　珍时App15分钟工作法

本节练习：根据自己的拖延原因，找出适合自己的短平快战拖方法，并实践。

7.2

循序渐进，用良币驱逐劣币

7.2.1　制订一个"不完美"计划

如果你尝试了第1节应对拖延症的5种短平快的方法，你多半会欣喜地发现，在短时间内这些方法真的管用。

如果你只是轻度拖延症患者，那么大概率用这些方法就已经管用了。如果你是一个中度甚至重度拖延症患者，那么这些方法可能管用一段时间，但是可能很快，你就会发觉自己会故态复萌。

我有个朋友，为了戒除拖延症参加了打卡，为了表示决心，她甚至前前后后交了几万元保证金，但拖延症还是没有戒掉。

戒掉一个坏习惯是很难的，就像戒除网络游戏瘾。可能短时间内，你狠狠心，把电脑或手机游戏全都删掉了，但过了一段时间，忍受不住诱惑，又把这些游戏装回去。甚至为了弥补前一段的缺憾，你会变本加厉地玩游戏。

所以，我们需要战胜拖延症的进阶方案。

你可能会说：不拖延就是立即去做，对吗？确实有些时间管理的老师会和你这么说。有位老师还曾以自己的一场说走就走的旅行，来说明这种方法的作用。他一直想要骑着摩托单骑出行，但准备工作尚未做好，为了怕自己一再拖延，就干脆不等准备工作做好，直接出发。一路上果然发现有些装备没带，就临时购买，当地买不到就下单让快递送。

对此我不敢苟同，一方面，不是谁都是土豪，有的东西再买一遍确实浪费；另一方面，这种做法还是对自己战胜拖延症没有信心，所以只能先做了再说。

我们生活中还是有很多事情不可能说做就做，比如去一个并不免签的国家旅行，你不能马上买张机票就走，你至少得办理签证吧？有些国家还要求入境必须买保险，新办的签证去美国还要填个EVUS申请才能登机。

有一次我送亲戚去美国看儿子，结果她在换登机牌时就被拦下，告知没有填EVUS，还好我填过，于是在15分钟内帮她搞定，才让她没有误机。但如果第一次填，很可能1小时都搞不定。

所以，不拖延不等于立即就做。不拖延是制订计划，并按计划做。

但我们很可能走到另一个极端，制订非常细的计划，然后努力地把每件事情都按照计划去实施。也许前一两天你确实能按部就班地做到，但是过了几天你就会发觉这个完美的解决方案并不奏效。

我曾经就做过这么一个看起来非常完美的早晨计划（如表7.2.1）。

表 7.2.1

6:00	起床
6:00—6:10	洗漱并同时听书
6:10—6:30	健身并听书
6:30—6:45	吃早餐同时听书
6:45—7:15	刮胡子、护肤、养花
7:15—8:15	写作
8:15—8:30	计划一天的工作
8:30—8:40	收拾东西，准备上班，同时听书
8:40—8:55	上班通勤，同时听书
8:55—9:00	打开电脑、泡茶，准备进入工作状态

上表看上去很完美，但实际上是很难做到的。这里面有两个原因。

首先，生活中总会有各种各样的意外，比如早上起来可能会肚子不舒服，上洗手间的时间长了一点，所以完美的计划往往难以严格执行。

其次，先完成才能完美。科学家做过一个实验，把两组孩子分开，对他们提出了不同的要求：一组需要尽量做出完美的成果，另一组要求尽量做多的成果。最后实验的结果出乎意料，相比被明确要求尽量做出完美结果的第一组，第二组完美的作品居然更多。

最后，时间切得那么细，如果某些事情在自己计划好的时段没有完成，就会产生一种挫败感。生活中总会有各种各样的意外，比如原本打算洗漱10分钟就够了，但是今天洗漱时偏偏多花了几分钟，没能按照计划时间完成。

所以后来我做了一些调整，基本上都以30分钟或其整数倍为一个时段（如表7.2.2）。

表 7.2.2

6:00—6:30	洗漱、健身
6:30—7:00	吃早餐、护肤，同时听书
7:00—7:30	养花、计划一天的工作
7:30—8:30	写作
8:30—9:00	收拾东西、上班通勤、泡茶

这样就很简单，把早上3个小时切分成5个时段，4个半小时和1个1小时，分为餐前半小时、餐中半小时、餐后半小时、早上黄金时段、上班前半小时，既好记也符合健康规律。

每个时段的事情如果提前做完了，就做下一时段的事，如果时间晚了点，那么下一时段稍微少花点时间，确保再下一时段按时开始。

制订一个不完美的计划，并尽量在每个节点按时完成。

如果你觉得这样计划还是有点麻烦，那么你可以先从那些绝对不能拖延的事情做计划开始。什么是绝对不能拖延的事情呢？无非是以下3种。

（1）与别人的约会。

（2）对别人承诺过会按时交付的事情。

（3）与财务相关的必须在截止期限之前完成的事情。比如支付水电煤账单、还信用卡、还房贷，买新股、新债等在股市收市之前当天必须做的理财动作。

把这几件事情做好，至少在他人或者在社会机制的眼光中，你是一个有信用的人。

真正要做到对这3种事不拖延，还需要以下细节。

（1）与别人的约会，无论是线下还是线上。

如果是线下的约会还可以分为在自己家里或办公室，还是到另一个地方。前者相对比较简单，你需要有点时间事先做好准备工作，比如安排具体会客的房间、座位、饮料和约会所必要的设备、环境。如果对方要用投影仪，那就要事先检查好投影仪是否能正常工作，声音播放是否正常。我们经常看到有些会议的主持方，在约定的会议开场时间到了以后还在调试设备。这就给参与方一种非常不靠谱的感觉。

如果是你要到另外一个地方去，那么你要确定好自己要带什么东西，如果是重要的资料，一定要有备份。比如我到外面去做沙龙培训，除了带好自己的电脑，我还会带好一个U盘。我曾经看到一个有名的培训师，在演示当中忽然发现电脑坏了，而他要展示的数据、图片都在这个电脑上，没有其他备份。最后他只能以道歉和一些空洞的描述草草收场。

另一个重要但容易被忽视的事情是，要给交通时间留下足够的缓冲。我的习惯是确定了某一个邀约以后，我会用地图App的"未来用时"功能，查询约会时段的交通所需时间。如果我自己开车过去，我会留下至少30分钟的缓冲时间，一方面是预防临时产生的交通拥堵，另一方面也要为到了目的地后找停车位预留足够的缓冲时间。如果是坐地铁之类的公共交通，我也至少会留下15分钟的缓冲时间。

如果某个约会极其重要，绝对不能迟到。那我可能会安排更多的缓冲时间。比如，我曾经收到一家500强公司的面试邀约，面试官是这家公司所属集团的第四号人物。猎头介绍说，他的原则是：如果面试对象迟到，他一分钟都不等，直接取消。这也是可以理解的，对于要招募的这个重要岗位的人，如果不守时，是不值得被信任的。于是猎头就反复叮嘱我，千万不能迟到。当时我在北京，为了准时参加面试，我舍弃了不靠谱的出租车，采用公交和步行结合的方式，并留足了1小时的缓冲时间，提前到达现场。最终我也凭着自己的能力和良好的面试表现，如愿以偿地进入了这家公司。

（2）对别人承诺过按时交付的事情。

预估做这件事情的时间。如果这件事情是你熟悉的，建议至少安排20%的缓冲时间，如果是不熟悉的，建议至少安排100%的缓冲时间，然后把它们优先安排到你的日程上。

运用珍时App设定一个清单，截止时刻为承诺交付时间，耗时为上面说的预估时间+缓冲时间，并将清单的重要性设为非常重要或重要，系统会自动给你将这个任务排到优先时间段。

（3）财务方面一般需要的耗时并不多，但是也确实不能延迟。

这类事项建议用双闹钟提醒法。这是为了预防第一个闹钟响起时，你可能在做某些停不下来的事情，比如正在开车而无法及时应对。

这两个闹钟，第一个设置在截止时间之前，已经可以开始而又不会让你有较多损失的时间。比如说还信用卡，建议提前三天，这样可以充分享受免息期。第二次设在截止时刻之前的1~2小时，这个时刻响起闹钟是必须停下来处理的。实在停不下来也应该让闹钟延迟10分钟再响。千万不要心存侥幸，把闹钟关了，心想着等忙完这会再说。很可能这一会儿忙完了，你已经把这件事情忘了。

运用珍时App，你可以把这类事情设为一个最早在3天前开始、最晚在截止时刻之前的1~2小时的清单，这样即便当天没有被排上日程，在列表的右半部分也能看到当天未被排进去的清单，你可以强制优先排入。也可以在每天晚上检查遗漏事项，只要当天能做，就当场完成。如果当天实在不能做了，就采用复盘功能重排到第二天。

【锦囊43】养成守时的习惯，第一步可以从这里做起：把绝对不能拖延的3类事情安排好时间，形成一个不需要那么完美的计划，并确保按时完成。

7.2.2　从不可能失败的微习惯开始

如果你已经能做到每天把绝对不可延期（约会、承诺限期交付事项和财务事项）的3类重要且紧急的事项纳入计划，并也能按时完成，那么恭喜你，已经迈出了根治拖延症的第一步。

接下来，我们要更进一步，对那些重要不紧急的事情也能做到不拖延，比如读书、健身、与家人沟通等。这些事情不按期做完并不一定会有严重后果，比如你今天不读书明天不会扣工资，所以拖延症患者往往会明日复明日地拖延。

根治的方案就是把这些事养成习惯。杜克大学的一项研究表明：我们的行为中大约有45%源于习惯。所以，如果我们能对这些重要不紧急的事养成不拖延的习惯，那么拖延的状况就会越来越少。

养成习惯靠什么？有人说：靠动力。于是有"每天叫醒我的不是闹钟，而是梦想"的励志名言。动力一开始是有效的，那些立了flag的朋友，在刚立下flag的那几天或几周内确实很有效，但如果想持久改变，动力并不是可靠的策略。人的大多数行为是情感驱使的，我们很难靠想法来改变感受。只有在精力充沛、思维模式健康而且没有受到强烈诱惑时，我们才能依靠动力成功。

这就是为什么有很多人明明知道早睡早起对身体好，但就是不能早睡。因为早睡的动力（身体健康）很难敌过刷短视频和游戏的诱惑力。

这里教你一个绝大多数朋友亲测有效的方法：用微习惯法逐步养成一个个好习惯。

具体而言，就是把你想要培养的好习惯，都缩小成一个小到不可思议、小到不可能失败的微习惯，但一定要坚持每天做到。

比如，你想健身，每天要练5个动作，每个动作练4组，每次15次，现在改为每天练一个动作一次；你想看书，每天要看50页，现在换成每天看1页。

之后，你要做的就是每天坚持完成这些微习惯，然后你会不知不觉养成你要的好习惯。

你可能会说：我就练这么一点点，有什么意思呢？

其实微习惯的奥妙就在于蔡加尼克效应。我们在做一件事情的时候，会在心里产生一个张力系统，这个系统往往使我们处于紧张的心理状态之中。当工作没有完成就被打断的时候，这种紧张状态仍然会维持一段时间，我们就会对未完成的任务念念不忘，从而产生较高的渴求度。

所以，在完成你的微目标之后，你很可能会继续完成"额外目标"。因为我们本来就在进行这些积极行为，所以一旦开始，内心的抵触就会减轻。即使你没有超额完成微目标，你的行为也会慢慢发展成为微习惯。

当你开始运动时，你都已经到了健身房，或者穿上了运动服了，绝大多数情况你不会就练这么一下吧。拿起书看了一页，觉得还有点意思，你一般也不会停下来。

微习惯养成法的关键就是每天100%地完成。对于小到不可能失败的目标，完成它也不需要多少精力和意志力，每天100%完成是完全可行的。只要你一天不完成，就很可能会有第二天、第三天，最后彻底放弃，所以每天100%完成是完全必要的。

微习惯不要贪多，刚开始时一般每天最多3个，确保每天完成。

重要的事情说三遍，每天完成，每天完成，每天完成。

但如果有些习惯不太可能每天做怎么办呢？比如每周去健身馆游泳1~3次，可以用组合法将每周习惯转变为每天习惯。比如，你可以设定一个混合微习惯：每天去健身馆游泳，或在家里做一个深蹲。

当我们每天完成了这一个个不可能失败的微习惯时，我们就会形成行为定势，一天不做就会难受，这样我们就能成功养成一个个好习惯。然后，我们就可以开始下一组微习惯的塑造了。

当你每天不用意志力就能完成的好习惯越来越多，你拖延的机会就越来越少，拖延症就渐渐离你而去了。

【锦囊44】从不可能失败的微习惯开始，养成一个个好习惯。

最简单的方法，可以在自己经常看得到的地方，比如卧室墙面、门背后贴上你最近要养成的1~4个微习惯，看到的时候就去完成。每天晚上临睡觉前10分钟，检查一下当天所有的微习惯是否都已完成，如果还没有，就立即完成，然后心满意足地上床睡觉。

7.2.3 对症下药，根治拖延症

如果把拖延症当成一种疾病，那么7.2.1~7.2.2的做法是强身健体，通过自身免疫力的增强干掉疾病，而这一部分就是针对免疫力干不掉的顽固病症，对症下药。

下面我们就对14种原因导致的拖延症一一给出药方。

（1）压力过大。

当你认为处理事情所需要的能力超越你所拥有的能力，你便感到有压力。

最常见的情况就是手中的事情太多，处理不过来。也就是说，我们一般所面临的最大压力还是时间不够。

我曾在一家全球500强集团的子公司做技术负责人，这家子公司有4万多名员工，4个事业部，但这4个事业部的规模和实力其实相当于4家公司。可以说，我同时担任了4家公司的IT总监。同时，集团的信息技术部也是我的上级，我也要执行它给我的指令。集团法律合规部所制定的规章也需要我在技术上予以配合。

刚进这家公司，会议几乎占用了2/3的工作时间，处理邮件也至少需要2小

时，我还需要领导团队、制订计划、跟进项目、维护网络，每天忙得天昏地暗，走路都是小跑，回家后还得加班到深夜1点。就是这样，有些事情还是耽搁了，受到了上级的批评。

但当我对公司的各种情况厘清头绪后，我运用极简时间管理方法对所有的事情进行妥善安排，除了必须自己决策的，将大量的工作委托给下属，自己只做创新思考，参加必须参加的会议，密切监督下属的工作进展并给予适度指导。

这样一段时间以后，我基本每天只需要加1小时班，就可以完成所有工作，在年底的绩效评估中名列前茅，还得到了集团的股份奖励，这对于一个入职不到一年的员工是很罕见的。

事情本身并没有给人压力，是人对事情的反应形成了压力。

那么我们怎么样对身边的诸多琐事进行适当的反应，从而最大限度地减轻压力呢？

最好的药方就是GTD（Getting Things Done）。

不就是事情多吗？把所有事情都收集起来，明确一下最常做的每件事情大概要做多少时间，一天能不能排下。

这里面就会出现两种可能，一种可能是当你真正把每天要做的事情和它们的耗时列出来，包括必要的吃喝拉撒睡，就会发现这些时间加起来也并不到24小时，甚至还有两三个小时乃至更多的空档。

为什么自己还永远觉得时间不够用呢？往往是因为不经意之间浪费的时间太多了，比如上班时间和同事聊天、做事情磨蹭、刷手机、追剧、玩游戏等。

对于这种情况，你要做的就是把所有要做的事情一条一条做时间安排。

在具体做这些事情的时候，每件事情未必要按时去做，而是尽量保证在原来计划耗时内做完。一旦能做到这样，你就有足够的自信，只要你计划排的时间足够，那么就能在一天之内把事情都做完，剩下的时间，你就可以尽情地做自己喜欢的事儿了。

如果你排下来，觉得要做的所有事情确实超过了24小时，那么你首先要做的，就是看看是否能够用我们之前章节教的方法来节省时间。比如：将困难的事情放到精力充沛时段做，就可能减少1/4~1/2的时间；你也可以把时间充分复用，也可以节省很多时间；如果自己专注程度不够，那么可以采用番茄工作法让自己专注起来，这样也能够很大程度提高效率，节省时间。通过这样一番安排以后再重新去检视，绝大多数情况下，你的时间已经够用了。

如果已经穷尽各种可能去节省时间，发现时间还是不够，那么就只能做断舍离了，看看有没有什么事情确实是可以舍弃的。选择的标准是它对你的工作、生活目标是否有帮助，如果没有就果断舍弃。如果都有帮助，那你就按照对目标的贡献程度排序，按照排序后的事项的累计耗时罗列一下。当这个累计耗时达到22小时左右，就把后面的都去掉，毕竟你还需要一定的缓冲时间。

综上，应对压力过大的终极解决方案就是运用GTD，把所有的事情用优化的方案，做好排程，舍弃相对不重要的事情，让每天的时间都变得游刃有余。

这样的做法还有另外一个好处，当所有的事情都被排进去以后，你就可以把大脑清空，在做事情的时候专注当下，而不必在意纷至沓来的杂念。这样你的效率就能够高很多，也就能节省更多的时间，你的时间越宽裕，压力就会越小。

所以，GTD也被称为"无压力的时间管理法"。总之，由压力过大引发的不想做事的拖延症，就用GTD方法彻底根除。

（2）意志力薄弱。

当我们想做一件有点难度的事情，而受到另外一些事情的诱惑时，我们就需要意志力抵御另外一些事情的诱惑。这个时候就是意志力和诱惑的PK了。意志力强，你就能战胜拖延症；意志力弱，那就会向诱惑投降，去做那件不那么困难而且很有诱惑的事情。

怎样善用意志力来对付拖延症的挑战呢？

我们需要认识到意志力是消耗品。它早上最高，到了下午晚上，逐渐降低，特别是临睡前达到最低谷。

这也是为什么有那么多人明明知道晚睡不好还一直熬夜，这个时候意志力非常薄弱，很容易受到各种诱惑。知道这个原理，我们的方法就是：把最困难的事情放在意志力最强的时候，一般而言就是在早上。你可以尝试一下，当你在早上做某件事情感觉到困难的时候，那些简单、快乐的事项又会诱惑你，此时你只要稍微应用一下意志力，就能轻易抵挡它们的诱惑，继续努力。

如果早上的意志力还不足以抵挡诱惑，那么你确实需要做一些事情来提升。意志力是可以像肌肉一样得到强化的。

作为全球最早系统性研究意志力的专家和教授，《意志力》的作者罗伊·鲍迈斯特带领的科学家团队做过很多实验。实验表明：要强化意志力，只要集中精力改变一个习惯就够。例如，健身的人在理财方面也会出现大幅的改善，持续学习的人在身材管理方面也会出现大幅的改善。

当然，这个意志力的强化是全天候的，晚上意志力薄弱的问题也能相应得到解决。

这是一个长期提升意志力的方法，短期而言，可以补充一些甜点，提高身体的血糖水平，这有助于短期意志力的提升。

所以，很多企业在16:00左右都有个咖啡时间，公司供应咖啡和甜点，就是为了让辛苦了大半天的员工恢复一点意志力，把后面的工作干好。

总之，我们可以用高能难事、强化意志力、补充血糖等方式，根除因意志力薄弱导致的拖延症。具体为以下3条：

a. 集中精力养成一个需要意志力的习惯，比如有氧运动、学习、记账、端坐，从而强化意志力；

b. 将较难的需要意志力的事情尽量放在早上等意志力较强的时段；

c. 在意志力特别薄弱时，吃一些补充血糖的食物，如蔬菜、水果、奶酪、鱼、甜点等，带来意志力的短期上升。

（3）缺乏动力。

主要是做某些重复性的事情，比如写工作日志、做收纳整理，这些事情让你觉得价值不大，所以就缺乏动力去做，导致拖延。

对于这个问题，我们的主要思路是想办法找到动力。

一件事情之所以存在，必定有其存在的价值。比如写工作日志，看似很无聊，但实际上给了你一个反思一天工作的机会。你可以沉下心来看看自己一天哪些事情是做得好的，值得以后保持；哪些事情做得不好，以后如何改进。这样你每天进步一点点，假以时日你的进步就可能是巨大的。

再比如说收纳整理。可能你会觉得，我今天整理好了，过几天又乱了，没有什么价值。但实际上，它至少有两个重要价值。

a.节省时间。我们在第6章讲过，根据研究，人的一生花在找东西上的时间是3年。如果能省下其中的2年，那么我们能用这两年做多少有价值的事呢？

b.有助于专注。在一个整洁明亮的环境里心情舒爽，眼前没有多少杂物，做事情就很容易进入专注乃至心流状态，达到两倍甚至更高的效率。

这样一看收纳整理的价值是不是很高？

这里只是举了两个例子。如果你觉得其他事情价值不高，建议可以去网上搜索一下"××的重要性"，相信肯定能找到对你有用的答案。

从另外一方面讲，有些事情虽然有价值，但是它的价值比你做其他事情的价值低，你大可以把它外包出去。比如家务，可以找钟点工，或者找专业的收纳整理师来进行一次性的全屋整理，虽然不便宜，但绝对物有所值。这样你就更可以不拖延地完成这类不得不做的低价值事情，腾出时间做更有价值的事情。

总之，对于缺乏动力导致的拖延症，先花点时间找动力，找不到则外包。如果没钱外包，那就赶紧利用时间管理多赚点钱吧。

（4）选择困难。

很多人有选择困难症。工作上，在手边有很多事情的时候，对选择先做哪件犹豫不决。生活中，当他们想旅游的时候，就会对选择去哪里旅游难以取舍，造成一次次"说走不走"的旅行。

就连著名的"纳什均衡"发明者小约翰·福布斯·纳什（John Forbes Nash Jr），也曾经用了整整15分钟来决定喝茶还是喝咖啡。根治这个问题的方法就是提高自己的选择能力。选择的方法其实也很简单，根据重要性和紧急性来排。

怎样来确定重要性呢？很简单，根据它和你的目标相关程度，相关程度越大的越排在前面。樊登读书App刚上线时，有很多系统缺陷，比如经常闪退、没有购物路径。樊登力排众议，决定先开发购买会员的二维码，因为购买的便捷性和创业公司存活的目标相关度最高。

那么对于娱乐类的事情呢，其实也很简单，这些都是你自己喜欢做的事情，你可以设想一下：假如这是你最后一次旅游，你会去哪里？这样的方法其实就可以做一个简单的选择。

（5）精力不济。

其实是精力管理的能力不足。如果你想做事情的时候没有精力了，这个时候即便再有意志力也无法很好地完成事项。这就涉及善用精力、补充精力和提升整体精力值，我们在本书的第2章第3节有详细的阐述。

概括而言：

a. 尽量在精力充沛的时间段做最难的事情；

b. 利用午睡和一些5分钟瑜伽冥想的方法短暂恢复精力；

c. 通过早睡早起、充足睡眠和健身锻炼的方式提高整体的精力状态。

总之，对于精力不济导致的拖延症，根治方法就是提高精力管理能力。

（6）即时享乐。

在你意志力水平较高的时候，可以相对轻松地战胜即时享乐的诱惑，但是在你意志力不强的时候，我们有什么办法呢？这里给出三个药方。

a. 隔绝诱惑。要专注做事的时候，把手机调成静音、设成免打扰状态或者干脆放在看不到的地方。

b. 将即时享乐作为一种奖励。每天设好一段时间，比如1~2小时，作为即时享乐或者缓冲时间。如果你今天所有应做的事情都做完了，那么你就可以享用这个时间。如果没有做完，那么就只能用这个缓冲时间去弥补。这样你就更有动力提高效率，把应做的事情早早做完。

c. 限定时间。如果实在扛不住诱惑，现在就想去做即时享乐的事情，那么给自己定一个闹钟，规定自己在半小时后一定要回来。如果半小时以后还是不回来，那么以后就不给自己这个机会了。

总之，对于即时享乐倾向导致的拖延症，根治方法就是限制、隔绝和利用即时享乐。

（7）不懂自我控制。

人类的神经系统太强大，注意力很容易被分散。用百度查一个信息，就可能会被信息流引导到其他地方。

有一个心理是怕错过，以后就再也看不到了，信息流就是这样，你这会看到的是这些信息流，过了几分钟再过来看可能就没有了。

那么怎么办呢？其实也很简单，我们可以利用收藏这个功能。在手机上或者电脑上看到自己感兴趣，但和自己目前做的事情无关的内容，就先把它收藏起来，然后每天单独安排一个时间。比如我一般都是每天晚饭后安排半小时来看收藏的资料。

如果这天实在太忙，来不及看或者忘了，你会发觉好像也没有多大损失。这个世界上太多你感兴趣的东西，根本不可能全部都看下来，所以不看也没有多少损失。

总之，对于不懂自我控制导致的拖延症，根治方法就是收藏＋定时浏览。

（8）期待通过"临时抱佛脚"爆发高效率。

虽然我们已经知道了危害性，但很多人还会心存侥幸，认为自己能有个不差的结果，也不会耽误其他要事。

对于这个问题，终极解决方案有两个：

a. 把所有具有截止期限的事情和每天必做的事情都安排一下，你就会发现，其实自己没有多少时间可以挥霍；

b. 对于做完初稿后需要修改的事情，比如写作、写文案、写提案，你就把截止时间提前。这样一方面有修改的时间，可以使自己的作品更完善；另外一方面，万一有更重要更紧急的事情前来插队，你也能够利用原来的修改时间，把被插队的那件事情按时做完。

总之，对于期待通过"临时抱佛脚"爆发高效率所引发的拖延症，根治方法就是GTD和提前截止时间。

（9）反馈延迟。

这其实就是优先级的问题。那些没有明确的截止时间而你确实想做的事情，往往是重要而不紧急的事情。人的倾向性都是先做紧急的事情，而不管它是否重要。解决这个问题的药方，就是把所有重要不紧急的事情列出来，给自己定一个截止时间。

定截止时间有两种方法：从后往前推和从前向后推。

从后往前推，就是从你生命的终点往前推。比如你有个去南极的愿望，而你自己预估寿命是80岁，那么最晚你肯定是80岁之前去南极。但去南极需要一个健康的身体，如果你预计自己在68岁前还能保持健康，那你可能就要把这个时间推前到68岁。

从前向后推，就是你从最早可以做这件事情开始。还以去南极为例，去南极的条件是"有钱、有闲、有身体"。

"有钱"：去一次南极，至少准备5万元，要保证游玩质量和安全一般需要10万元。

"有闲"：并且最好准备20～30天的假期。

"有身体"：虽说各大邮轮公司的要求是——旅行者没有"威胁生命安全的疾病"，如果旅行者有慢性疾病、需要定期服药的疾病，需要医生签字同意。但如果你的身体状况很差，很容易晕船，那么旅行感受也会大打折扣。

所以，从身体适合状况而言，如果能满足"有钱""有闲"的状态，那么确实越早越好。

如果确定了越早越好的目标方向，接下来就是怎样尽快达到"有钱""有闲"的状态。如果你是企业主，也许钱不是问题，但如果公司一天都离不开你，那么就应该培养职业经理人，在自己不在的时候也能把公司打理好，至少不出大问题。如果现在没有，那我们也许可以定个1～2年实现"有闲"的目标。

如果你是职场人士，那也要妥善安排自己的工作和人脉，让自己在请长假期间，工作有人可以代理，不会出现大问题。当然，也要积攒出这笔旅行费用。我们可以根据自己的实际情况，可能定3～5年，甚至10年，但至少比从后往前推的68岁可以提前不少。

从前往后推，不但能给自己一个早日实现梦想的期盼，还能从现在开始，为这个目标进行准备。

再说一个近一点的目标，比如提升学历，考研、专升本、考某个资质证书。虽然没人规定你什么时间去考，但一定是越早对你的职业发展越有利。大城市的落户、岗位的晋升、新工作的获取，很多都与学历、证书相关。所以最好还是从前往后推：测算一下准备时间要多少，考试的时间节点在什么时候，你自己每天能花多少时间。

比如某个资质证书考试是每半年一考，最近一次考试距离现在还有2个月，复习需要300小时，你每天最多能平均抽出3小时学习,2个月只能抽出180小时，那截止期限定在2个月后就太勉强了。你可以把截止时间定在8个月后，这样你就有720小时的可复习时间，相对比较充裕了。

强烈建议你用从前往后推的方法确定截止期限，因为越往后，不确定性越强。比如考研，每年分数线都在疯涨，越早考胜算一定越大。

总之，对于因反馈延迟造成的拖延症，根治方法就是对这类事情设定截止时间，可以先从后往前，再从前往后推。

（10）害怕失败。

这个问题的根治方法就是拥有成长性思维。其实我们从儿时起就开始不断地学习，做无数没有做过的事情。就像学走路，跌一跤又怎么样呢，爬起来再走，慢慢就会了。

人的能力，大多数不是天生就有的，而是靠后天学会的。所以，越是没做过的事情，只要失败的代价不那么大，就越要勇敢地尝试去做。

当然，你可以安排一定的试错时间。心里有失败的预期，或者觉得99%的可能就是失败，但你应该理解失败是迈向成功的必经之路，如果第一次做就成功了，那也是一个惊喜。

总之，对于因害怕失败造成的拖延症，根治方法就是拥有成长型思维，并安排额外的试错时间。

（11）没有思路、灵感。

我们经常惊叹于某些科学家、艺术家的灵感。据说德国化学家凯库勒，做梦梦见了苯的分子结构。

凯库勒在分析了大量的实验事实之后认为：苯的结构是一个很稳定的"核"，6个碳原子之间结合得非常牢固，而且排列十分紧凑，它可以与其他碳原子相连形成芳香族化合物。

在这些研究的基础上，凯库勒集中精力研究这6个碳原子的"核"。他提出了多种开链式结构，但都与实验结果不符而一一否定。直到一天夜晚，他在书房中打起了瞌睡，眼前又出现了旋转的碳原子。碳原子的长链像蛇一样盘绕卷曲，忽然一条蛇抓住了自己的尾巴，并旋转不停。

他猛地醒过来，整理苯环结构的假说，又忙了一夜做检验，才确定苯分子的闭环链结构。

灵感不是凭空而来的，而是在大脑经过了反复工作以后，在休息的时候潜意识把之前的知识和探索做了一下组合，形成了灵感推送到大脑中。

总之，对于没有思路、灵感造成的拖延症，根治方法就是不要空等思路、灵感，先去做，并做到劳逸结合，积累到思路、灵感的来临。

（12）完美主义。

写新媒体文章，如果总是想一鸣惊人，或者想通过揣摩平台爆款的规律，写一篇完美的新媒体爆款文章，多半是爆不出来的。你只有不断地写，然后分析每篇文章的浏览量、完度率、转发数和评论。如果这些数字不理想，说明你的写作水平有待提高，或者写出来的文章不符合这个平台的调性，或者写的不是大家关注的热点。

这种情况下，只有多去看看别人的爆款文章，汲取营养，不断地改进，或者去参加写作训练营，不断学习、践行，那么假以时日，你写出爆款文章的频率就能逐渐提高。

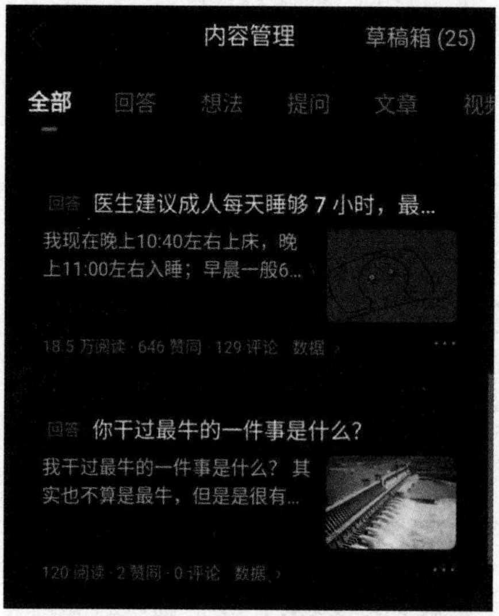

图7.2.1就是我写的一篇阅读量"10万+"的文章，其实前一篇阅读量不过120次，这一篇就爆发达到了18.5万次。其实我每篇都很认真地写，而这篇正好戳中了很多读者的内心，一下子就引爆了。

完美的结果不是先做一个完美的计划就能得到的，而是实操才能做出来的。

图7.2.1　我在知乎上发表的一篇"10万+"文章

在做的时候，你和做的事情互动，或者接受了他人的评判。在这种有效的反馈机制下，不断加以迭代、改进，才能够变得更完美。

对于完美主义导致的拖延症，根治方法很简单：先完成后完美。

（13）抑郁状态。

一般而言，如果你只是时不时有抑郁状态，从而导致你经常拖延，那么我们有一个方法——CARE：

C是Compassion，同情；

A是Accessing，接触；

R是Revitalizing，使人复活；

E是Exercising，练习；

Compassion，同情。当你有抑郁状态的时候，不要闷在心里，建议你尽量找机会和别人沟通自己的心情。有时候仅仅将自己的抑郁状态说出来，心情就能得到极大的缓解。

我认识一个读书会的朋友，曾经抑郁状态较为严重，每天除了吃饭、睡觉、看电视、上网，什么都不想做，甚至几度产生自杀行为。后来偶然看到了一个读书会后的聚会广告，去参加了一次，把自己的心情袒露出来，得到了很多热心书友的帮助，渐渐从抑郁的泥沼里走了出来。

这里我们特别推荐找能够信得过的弱关系，也就是和你关系并不紧密的人，比如社群里的成员，或一同参加读书会的书友。因为相对疏远的关系所带来的支持效果，会比亲密关系的支持带来的效果更好。

亲密的人有时候会忽略你，会宽慰你说没关系、不要紧，他可能不认为这是个严重的事。但你找稍微远一点的人倾诉的时候，他往往会因为你的信任而特别认真对待。

Accessing，接触。如果抑郁状态相对轻，建议接触一些经典的心理学书籍，或者参加一些可靠的心理咨询培训班、训练营。如果抑郁状态相对比较重，那么建议接触优秀的心理咨询师做咨询；如果抑郁状态严重到有自杀倾向，那就直接找专业的心理医生进行面对面治疗。

Revitalizing，使人复活。你需要寻找一个能够给你带来新生的工作。我前面讲的这位朋友，后来就是加入了读书会，并担任了读书驿站的站长，帮助更多书友解读心理类的书籍，找到了生活的意义。

Exercising，练习，加强日常锻炼。这是一个长期可以做的事，比如跑步有助于分泌内啡肽，带来积极的情绪。情绪不佳又不方便锻炼时，按摩膻中穴，能很大程度缓解心中的郁闷。

（14）逆反心理。

逆反心理是每个人都有的，无法完全根除，而且根除逆反心理也并不是一个好的选择。人如果失去了逆反心理，就会完全墨守成规，人类的进步就无从谈起。

我们要做到的是：不要为了逆反而逆反，让逆反心理伤害了自己。

有一位富家女到了谈婚论嫁的年龄，但是她交的男朋友都是各方面素质条件都很差的渣男。她的父母很奇怪，自己女儿家境好，人也聪明漂亮，学历也不差，为什么就找这种完全不在一个层次的人做男朋友呢？

表面上看是逆反心理，父母希望她找门当户对的，她偏不愿意。她的父母后来找了一位资深的心理咨询师做咨询。心理咨询师发现，原来在这个女孩的父母当年艰苦奋斗、发家致富的时候，因为工作太忙经常失信于自己的女儿。比如把她寄养在亲戚家，父亲说好了每周五下午接她回家。于是女孩一听到街上有摩托车的声音就趴到窗口去看是不是父亲来了。结果一次次地失望，到最后她的自我认知是：我是不重要的，我在我父母心中的价值很低，所以我也不配拥有高素质的男朋友，只配与那些低质量的渣男为伍。

后来在心理咨询师的辅导下，女孩的父母不断在任何场合认可她，帮助她提升自我价值认知，让她认识到自己是一个很有价值的人，应该与那些人品正直、学历样貌相当的人为伍。最终她找到了一位高素质的如意郎君，过上了幸福的生活。

人之所以产生逆反心理，核心原因还是自我价值认知低，才会为了逆反而逆反，把逆反心理凌驾于自己个人的幸福之上，因为自己幸福的价值也很低。

相反，自我价值认知高，虽然还是会有逆反心理，但是不会拿自己一生的幸福开玩笑。面对自己认为重要的事情，也就不会因为逆反心理而去拖延。这时配合打卡，因为逆反心理而产生拖延的情况就能够慢慢地根治了。

每天写下一件让自己有成就感的事情，或者经常看朋友圈的点赞和评论，发布新媒体文章、视频，多多得到第三方的认可，这样就能够不断提升自我价值的认知。对于逆反心理造成的拖延症，根治方法就是花时间用各种方法提升自我价值认知，并辅以打卡促动。

综上所述，根治拖延症的14种方法，归根结底还是时间管理的应用。当我们把各种各样的因素都考虑到，并纳入时间管理，那么假以时日，即便不能根除拖延症，也能极大程度减少拖延症对我们的伤害。

【锦囊45】对于某种原因导致的拖延症顽疾，运用针对性的时间管理方法，长期坚持，就能根治这种原因导致的拖延症。

本节练习：找到一个最频繁导致自己拖延的原因，运用上面的方法进行刻意练习，根治这种拖延。

7.3

"圈养"拖延症

7.3.1   如果无法完全杜绝拖延，不妨圈养它

上一节我们讲了怎样从根源战胜拖延症，但这并不意味着我们就能完全杜绝拖延。就像我们预防感冒，感冒后也能康复，但是并不意味着我们以后就不会感冒了。同理，即使某段时间战胜了拖延症，这并不意味着一劳永逸，我们还是会有间歇性拖延的问题。

这些战胜拖延的方法，在某些时候也抵挡不住拖延。其实这是很正常的，我们说了那么多战胜拖延症的方法，绝大部分就是用人的理性战胜感性，而人类的理性思维总共才发展了7000多年，而人类的感性思维已经发展了几十万年。两者相比，谁的力量更强是不言自明的。

所以我们要做的不是追求完全杜绝拖延，我们最大概率能做到的是学会与拖延共存，不让它泛滥成灾，成为阻碍我们成功的羁绊。我们应该圈养它，让它只能在有限范围内对我们发挥有限的影响。

我本人也曾经长期有晚睡的拖延习惯，分析下来，原因其实是即时享乐和逆反心理的组合。逆反心理的体现是：我对晚睡的害处了如指掌，但是到了该睡觉的时候，就是不想睡。可能是小时候对父母的管教（包括早睡早起）非常腻烦，

别的事情无法反抗，而作业没做完不睡觉，父母并不反对。

在大公司上班的时候还有这样那样的借口，如因为工作太忙、很多事情来不及做，或者大领导都是深更半夜发邮件，如果因为晚睡能看到大领导们的深夜邮件并回复会被认为是敬业的表现等。后来实现财务自由后我自己创业，完全没有了这层顾虑，虽然事情也很多，每天完全是能够按计划在晚上10点前做完所有该做的事情，但我还是习惯性地晚睡。

睡觉前在做什么呢？无非就是刷朋友圈、看群消息，看到某些有兴趣的文章或者视频都要点进去看一下。这里面让我最无奈的就是刷信息流。我特别爱刷百度的信息流，因为相对抖音而言，百度给我推荐的文章或者视频更符合我的兴趣。我特别喜欢看科幻电影、阅读历史文章，于是百度推给我的基本上都是这些内容，让我一个一个刷下去，停不下手。说到底，这就是即时享乐心理。虽然早睡有益于健康，但它是延迟满足的行为，它的价值是长期才能感受到的。

我自己也知道这样下去肯定不对，但还是无法克制自己。于是我先针对逆反心理，用了短平快的一招：打卡。与朋友商定以智能手表记录的睡眠时间为准，超过了23∶00就输掉保证金。在一段时间内，它还真的起到了一定的作用，但是后来这个方法也因朋友退出而宣告结束。

接下来，我针对即时享乐心理，也用了短平快的一招：记录日志并复盘。也起到了一定的作用，有效地减少了我在高能时段即时享乐的冲动。但对于晚上的即时享乐作用不大，因为娱乐休闲本来也是我每日计划中的一部分，我不会在计时的时候有动力停下来，于是原来计划30分钟的娱乐时间变成了1小时、2小时乃至更多……

当短平快的两招失效后，我又开始从养成好习惯入手。把早睡作为一个重要且紧急的事情可行吗？除非生了一场大病，医生告诫再不早睡则命不久矣，一部分人也许会听从告诫抛开一切，严格自律，老老实实早睡。否则，一个健康的人，非要把早睡作为重要且紧急的事情，似乎也是自己骗自己。

那么，微习惯呢？对我而言，早睡似乎也不是一个不用意志力就能很容易养成的微习惯。

于是，我又从根治方案入手。

针对逆反心理，我从增强自我价值的角度出发，先告诉自己，必须爱惜自己的身体。这次见效时间长了一点，但还是经常会故态复萌。

针对即时享乐，唯一的一招是限定时间，于是我在22:30就定了闹钟，提醒自己早睡。这招也曾经起了几个月的作用，可后来也演变成大多数人对待闹钟的做法：一次次地按延迟10分钟按钮，直到最后干脆按停了闹钟，还是没早睡。

我最终认识到，还是需要有策略性的方法。于是开始了我的圈养策略。

具体的做法是：允许自己一周有两天可以不早睡，通常是周五和周六的晚上。这样的话，即便第2天起来晚，因为是周末，基本上也不会误什么事情。

开始使用这个方法后，我对适时早睡早起就不会有非常大的心理负担，而且在周日到周四晚上落实早睡的时候，心里隐隐有一个期盼，到了周五就可以放松了，有点像上班5天可以休息两天一样。

在实施了一段时间以后，我发现每周早睡5天已经形成习惯，于是再把圈养晚睡的天数改为每周一天，一般都是放在周五晚上，因为它离周一相对远一点。我尝试周六晚上早睡，周日早起读书写文章。

我体会到了早上思路清晰、精力充沛、情绪高昂的状态下读书和写作的高效率和获得感，于是就慢慢形成了周六早睡的习惯。再后来觉得这种习惯非常舒服，我又将周五晚上也安排在早睡之列，这样就顺利地养成了每天早睡的好习惯。

当然，偶尔还是会出现晚睡的情况，有些时候是迫不得已，比如有时因为看到一部精彩的电影，即便当时早过了自己定好的早睡时间，但还是会忍不住把精彩片段反复回看，细细品味。碰到这种情况，就放过自己吧，允许自己偶尔破例、放纵一回，一年中的大部分时间都坚持早睡就可以了。

一个健康的人并不是不会感冒，而是不会三天两头感冒，从而影响自己的生活。一个时间管理的践行者，不是永远不会拖延，而是善于圈养拖延症，将拖延症的边界掌控在不会影响自己的事业和生活的范围内。

7.3.2　做让步逐步减量，定目标不断提高

如果你尝试上述方法后，发现自己还是不能养成早睡的习惯，可以先从最大的让步做起。比如给自己定一个目标，每周允许自己拖延6次，也就是每周至少要早睡一次。只要做到了一次，就在日历上用红色笔打一个五角星，如果没有做到就画一个叉。

如果你第1周失败了，没关系，第2周接着来。只要有一周做到了，就适当奖励一下自己，比如给自己买平时舍不得买的东西。如果后面又失败了也没关系，继续朝一周一次早睡的方向努力，直到一周一天早睡的习惯稳定了，就把目标提高到每周至少早睡两次，逐步提高早睡的次数。这样，如果你每个月能增加一天早睡，那么5个月后，你就可以养成工作日的前一天晚上天天早睡的好习惯了。

如果能够更快，每周把早睡目标提高一天，那么只要不到两个月就能够养成好习惯。这里注意不要太死板，偶尔一天达不到时，不要产生自我贬低的情绪和想法，意外总是免不了的。

养成早睡的习惯，并不只是说定个闹钟，提醒自己到点就去洗漱睡觉这么简单。我们每天还是要做一些必须做的事情，比如工作任务，买菜、还信用卡、还水电煤账单、当天必须做的理财操作、答应别人当天要做完的事、自己参加的打卡任务，这些事是一定要在睡觉前做完的。

还有一些事情是日积月累的，比如每天健身半小时、看书半小时、发朋友圈3次、点赞评论朋友圈、冥想10分钟……

这些事情当天不一定要做完，但是如果养成习惯不做也很难受，这就又牵涉

到排程问题，为了保证早睡要把当天必须做完的事情都排好，在这个基础上留下1~2小时的缓冲时间，预防意料之外的事情发生。

建议每天22:00之前就尽量严格地按照当天的计划，将所有该做的事情都做完，那么到了22:30就可以安心睡个好觉了。

【锦囊46】对于特别难以治愈的对某类事情的拖延症，先从最低的改进目标做起，逐步提高目标，降低圈养的边界，最终达成自己满意的目标。在珍时App中，可以从一周早睡1天开始，逐步提高目标（如图7.3.1）。

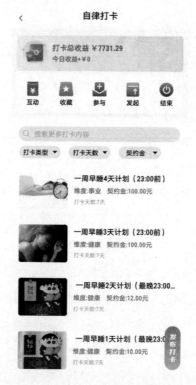

图7.3.1　珍时App中针对早睡的循序渐进打卡选择

7.3.3　让拖延症不再反弹

我们有了应对拖延症的5种短平快方法，又有了14种根治方案，对于特别难缠的拖延症顽疾还提出了圈养方案，是不是已经完美了呢？

就像吸烟，很多人戒了以后还是会复吸；玩游戏上瘾，很多人当时卸载，但过段时间又会把它们重新装回来；已经养成早睡早起的人，也会重蹈熬夜晚起的覆辙……

最好的方法，就是在坏习惯开始萌芽时，立即把它扼杀在摇篮里。

下面我们就介绍3个让拖延症不再反弹的绝招。

（1）5秒法则。

当你想要做一件事的时候，先倒数5秒，数到1的时候就立刻去做。

当你想赖床时，倒数5个数，立刻起床。

当你还在刷短视频无法自拔时，在一个视频结束后，倒数5秒，立即关掉App。

当你实在不想工作的时候，同样可以尝试采用5秒法则。

千万别小看这种小小的仪式感，它可以超乎你预料提高你的执行力。5秒法则的提出者——梅尔·罗宾斯，就是用这个法则一点点改掉自己的拖延，从最初因为拖延而手忙脚乱的家庭主妇，变成了现如今的畅销书作者，登上了TED的演讲台并一步步走向成功。

（2）整点法则。

在每个小时或半小时的整点立即开始做不能拖延的事。

每个整点都可以看成一个新的开始。就像新的一年到来时，我们都会对新生活有新期盼，告诉自己，过去一年再蹉跎岁月也无法挽回，新的一年要重新做人。于是会立下新年flag，至少在刚立下的那一段时间，少则1周，多则3个月，人还是会为了flag非常自律的。

整点法则其实就是利用了这种心理，无非是把这个频率从1年一次到每半小时或1小时一次。我们也不需要它能持续1周，只要持续到把这件事干完就行了，不难吧？

（3）第三方监督。

在朋友圈、社交群或同事、亲朋好友面前把自己的战拖宣言和具体指标广而告之，比如每天6:00起床，或在3个月内写完一本书，接受第三方监督。

人总有犯懒的时候，但如果因为犯懒导致的拖延让自己在亲朋好友或刚结交的弱关系圈子中名誉尽失，那也将是不可承受的损失。对于这种损失的恐惧会非常有效地赶走种种拖延心理，让你充满动力，立即开干。

以上这3个绝招，我们并不建议在一开始就用。因为当你还没有践行应对拖延的方案前，上述策略很可能失效。比如5秒法则，在你数到1时，你的逆反心理还是占据上风，这时你可能就会自己对自己说：我凭什么听你的，凭什么数到1了就得开干，我偏不！这样，5秒法则就完美失败了，形成5秒法则无效的心理定式。等你克服了逆反心理后，再使用5秒法则，发现也还是不起作用。

【锦囊47】在运用战胜拖延症的短平快、根治和圈养方案获得成功后，可以用5秒法则、整点法则和广而告之等3个绝招，来防止拖延症的反弹。

我们最后对本章做一个总结：

（1）参见表7.3.1找到引发拖延的一种或多种原因；

（2）针对这些原因，找到自身问题，进而找到相应的战拖短平快方案并实施；

（3）在第二步骤初见成效后，立即找到适合自己的守时微习惯和相应的非完美计划，让不拖延的习惯一点点扎根；

（4）针对第一步找出的引发拖延症的原因，一个个贯彻相应的根治解决方案；

（5）如果还有拖延顽症，就制订圈养计划，并一步步提高目标，把圈养范围逐步减量；如果发现自己有拖延症反复的迹象，就采用防反弹3绝招，把拖延症的反弹扼杀在摇篮里。

表7.3.1　战胜拖延症方案一览表

No.	现象/场景	原因	根本原因	简单方案	根治方案
1	工作量太大	压力过大	技能不足	15分钟法则	GTD
2	熬夜	意志力薄弱	技能不足	15分钟法则	增强意志力、补充意志力、高能难事
3	写日志、收纳整理	缺乏动力	技能不足	15分钟法则	找到动力，外包
4	点餐、选择要穿的衣服	选择困难	技能不足	15分钟法则	提高快速选择能力
5	学习、刻意练习	精力不济	技能不足	15分钟法则	善用、恢复、提升精力
6	玩游戏、看短视频	即时享乐	优先错配	记录日志并复盘	隔绝诱惑，缓冲时间作为奖励，限定时间
7	查资料时转而看信息流	不懂自我控制	优先错配	记录日志并复盘	收藏＋定时浏览
8	复习、写提案	期待通过"临时抱佛脚"爆发高效率	优先错配	记录日志并复盘	GTD+提前截止时间
9	写论文、旅行、看望父母	反馈延迟	优先错配	记录日志并复盘	对重要不紧急事项设定截止时间
10	买理财、买房、组织年会	害怕失败	因果倒置	事项拆分	学习成长型思维+安排额外的试错时间
11	写作、设计	没有思路、灵感	因果倒置	事项拆分	先做＋劳逸结合
12	写文章、演讲	完美主义	贪大求全	番茄工作法	先完成后完美

（续表）

No.	现象/场景	原因	根本原因	简单方案	根治方案
13	什么事都不想做	抑郁状态	心理亚健康	加入打卡	CARE法
14	早睡、减肥	逆反心理	心理亚健康	加入打卡	提升自我价值认知

拖延症是"慢性病"，我们要有打持久战的心理准备。但只要你开始了，采用本章中任何一种对症下药的方法，都能取得一定的成绩。假以时日，你会发现拖延症的症状和危害在一点点消失，不再成为你成功的羁绊，你就能成为一个更好的自己。

本节练习：运用圈养法战胜自己的一个拖延症顽疾。

8

EIGHT

未来已来，搭上时间管理的
自动驾驶汽车

8.1

人工智能时代，时间管理顺势而上

8.1.1   关注技术新趋势，在被淘汰前及时上岸

我曾经碰到一个也在推广时间管理的全职妈妈。当我说起我做了一个珍时极简时间管理的App时，她不以为然地说："我教的就是不用任何技术工具也能做的时间管理。"

那么问题来了，不用技术产品能做时间管理吗？当然可以，就像前苏联科学家柳比歇夫（1890—1972年），他那个时代没有智能手机，自然也没有App，他就是用纸笔做时间日志和统计，也做得非常好。但技术实际上是给我们带来红利的，我们为什么非要放弃这个红利呢？

现在大家随时可以用微信即时沟通，还有几个人会用书信沟通呢？微信沟通是你随时拿出手机，打一些字，甚至用语音输入一段话，对方看到也可以秒回；而书信沟通是你要拿出纸笔，写下文字，放入信封，贴上邮票，找到邮筒，投到邮筒里。对方可能几天后才能收到，他回信，你又要几天后才收到。你会选择放弃微信的红利，执着地用书信吗？

法国作家儒勒·凡尔纳创作的长篇小说《八十天环游地球》首次出版于1873年。当时用80天环游地球一圈已经是一个奇迹了。

小说起因于英国绅士福格与朋友打的一个赌：要在80天内环游地球一周回到伦敦。随后，他与仆人克服了路途中的艰难险阻，途经地中海、红海、印度洋、太平洋、大西洋，游历印度、新加坡、日本、美国等地，最后返回伦敦。

按照绕地球一圈最短路程来计算，地球赤道的长度大约为四万多千米，一个正常人的行走速度为5千米／小时，一个人假如不吃不喝，步行绕地球一圈需要8015小时，约等于334天。

如果坐飞机，速度一般是800千米／小时，绕地球一圈只需要40000/800=50小时，也就是2天多一点。所以跨洲旅行一般很少有不坐飞机的情况。除非是坐豪华游轮，而游轮本身就是一个娱乐场所，那就是另一回事了。

《习惯学》的作者周士渊老先生，在他的书里曾经把不用手机作为他的168个好习惯之一，但后来他的读者透露周老也开始用手机。当然他还是没有用手机通信，但是他至少运用了手机的闹钟。

从另外一方面看，现代社会如果一直拒绝用新的技术，可能连起码的生存都会有一定的问题。比如，当因为疫情被封控在家，如果不会使用电商软件、不会团购，你甚至会挨饿。所以我们会看到，即便是很难学会新技术的老年人，为了与子女沟通也学会了微信的操作。而现在主流人群中不用手机的人，基本上已经是稀有品种了。手机像是人体的器官，除了睡觉时间几乎不会离开我们的身边。那么利用这个随时不离手的工具，提高时间管理的效率何乐而不为呢？

虽然这种社会现状对掌握新技术相对比较困难的老年人是不公平的，但这就是现实，拒绝新技术失去的不单是便利，甚至可能是基本的生存条件。

有些技术公司的老板，会要求员工适当地逃离技术。比如在开一些头脑风暴会议的时候，要求大家不用电脑，拿出纸笔。提出这个要求是因为我们平时都习惯了通过技术来记录交流我们的想法，偶尔跳出技术工具的捆绑，能让我们跳出舒适圈，从而激发灵感。

最重要一点，你可以运用技术将所有事项的截止时间和耗时告诉系统，系统会自动根据轻重缓急、劳逸结合的原则排程。而利用表格或手账只能一条一条手工排，耗费时间。最后反而会因为时间管理本身耗费了太多时间而放弃，又让你的生活处于混乱无序的状态。

信息时代，还是要善用技术作为自己能力的扩大器，而不是为了摆脱技术的束缚拒绝它带给我们更多的好处。

除此之外，还有一个非常重要的原因就是学习。

我们要学一样新的东西，其实就意味着我们要跨出舒适区，如果跨度太大，未知的东西太多，我们就跨入了恐慌区，这时学习新的知识，效率是相当低的，很可能让许多人知难而退。但是如果我们跨入的是学习区，要学的新知识并不难，那么我们会轻松穿越学习区。比如手机App我们已经很熟悉了，那么下载一个新的App也并不会太花功夫。

技术的发展会淘汰一些岗位，比如，ETC（Electronic Toll Collection，电子不停车收费）技术就取消了很多高速公路收费员的岗位，智能投顾技术撬掉了很多华尔街年薪百万的交易员的工作，AI律师未来会干掉大多数初级律师的工作，自动驾驶系统未来可能会让出租车司机失业……不论你想追求岁月静好，找一份安稳的、没有技术含量的工作（如高速公路收费员），还是一份不需要创意的令人羡慕的高薪工作（如证券交易员），你都要关注技术趋势。作为学生，不要再去学可能被淘汰的工作的专业；作为职场人士，不要再去向可能被淘汰的岗位努力，这都是巨大的时间浪费，也是生命的浪费！

不论你喜不喜欢技术进步，人类社会都会随着技术进步的洪流滚滚向前。关注技术新趋势，不只是关系到你是否能在激烈的竞争中脱颖而出，而是关系到你在不远的未来能否不被淘汰、岁月静好的安身立命之本。

8.1.2　把这些事交给人工智能，你的时间这样安排才最有效

"小白小白，我要练瑜伽了"，我对着智能音箱说了这样的话。智能音箱首先

监听到了我说的"小白小白"，就立即唤醒了语音识别功能，将我后面的音频翻译成"我要练瑜伽了"这几个字，与我之前录入的关键词"练瑜伽"做匹配，于是开始执行"练瑜伽"这个指令所包含的所有动作：

（1）降下榻榻米上的自动升降桌（平时我都是升起来在桌上喝茶、看书）；

（2）打开视频分频器开关（我把电脑上的视频通过视频分频器转到4个投影仪上）；

（3）打开4个投影仪（我用4台投影仪将瑜伽教学视频影像投到房间的4个墙面）；

（4）降下窗前的投影幕帘；

（5）把沉浸式房间的顶灯打开。

我做了一个沉浸式房间，把电脑的影像通过4台投影仪投向4面墙壁，而且投影的宽度可以覆盖每面墙的宽度。这样，我目力所及处，都是电脑中的影像，形成了一个沉浸式的环境。当我练瑜伽时，身体转到任何一个方向，都能看到老师的动作。而且老师的影像大小和真人差不多，有种身临其境的感觉，让我能更专注地练习。

在我冥想时，我会把一些青山绿水的影像投到四面墙上，让我更容易进入行如止水的冥想状态。

有时在家和朋友开会，打开PPT投到四面墙上，大家也只需要看面前的墙壁，而不用像在会议室里扭着脖子看一个方向。

有时候，我也会在里面看电影，享受沉浸式电影的感觉。

功能这么多，操作也复杂，我要操作升降桌、分频器、投影仪、投影幕帘、顶灯和电脑。现在只要一句话，前5个动作都免了，由人工智能代劳了。

目前，我自己还必须在电脑上点开我想练的瑜伽视频。在不远的未来，这些也能自动实现：AI自动打开我的电脑，根据我的穿戴式设备知道我当天的身体状况，匹配一套最适合当天做的瑜伽教学视频。

这就是目前和不远的未来AI能做到的一些事，帮助我省去了很多动作和相应的时间。但其实，AI能做得更多。

AI（Artificial Intelligence，人工智能），是研发用于模拟、延伸和扩展人的智能的一门新技术。

自行车、汽车、飞机扩展了人腿的空间移动功能，望远镜、显微镜、夜视仪扩展了人眼的视觉功能，拖拉机等各种农用机械、车床等各种工业设备、吸尘器等各种家用设备扩展了人的劳作能力，而计算器、电脑、人工智能则扩展了人脑的感知、学习、思考、计算、判断、决策的能力。

我家有4层楼，每天自己清扫一遍起码花1个小时，但我在每层楼布置了扫地机器人，我只需要隔几天清理尘盒，每天地上干干净净。我唯一要做的是坐在家里，浏览电商网站的扫地机器人的网页，思考买哪款合适（比如哪几款扫地机器人有高度差识别功能，在楼梯口不会掉下去，哪些款式不会被电线缠绕，哪些不会在一个狭小的空间转不出来），然后计算哪家的产品性价比最高，最后判断是现在买，还是等促销日买，在哪家店买。当然，买来以后，我要看懂说明书，安装到位，设好定时清扫的程序，然后我就可以每天省下1小时，做更有意义的事情。

注意，这个过程中，我们原来主要用手、脚进行的扫地这个重复性的体力工作，被一次性的大脑工作（只需首次学习如何操作扫地机器人）结合少量的手、脚协同（操作手机、收货、安装）给取代了。

为什么会有这样的技术红利？其实扫地机器人本身也是一个人工智能设备，除了内置吸尘器的功能，还能模拟人脑的一些简单功能。

先看看人是怎么扫地的：我们通过眼睛观察到地面的范围，然后拿着扫帚在空地上走来走去，看到有柜子、桌椅这些障碍物的地方，我们会决策沿着边上向左或向右扫（这个决策过程已经太简单了，以至于你自己感觉不到大脑做了一次简单决策），看到楼梯也会决策沿着边上扫。第一次我们可以随意地扫，把空地走遍，几次以后我们可能就会沿着一条固定的路径走。扫完以后，我们会把垃圾倒入垃圾桶，把扫帚、畚箕归位。当眼睛看到垃圾桶满了，我们决策出需要倒垃圾。

那么扫地机器人是怎么工作的呢？比如，碰到较高的障碍物，它会根据传感器提供的碰撞信息，做出这是障碍物的判断，然后做出向左或向右调整路径的决策；碰到向下的楼梯，它会根据底部的传感器"踩空"的信息，做出前方是楼梯的判断，做出向左或向右调整路径的决策；当电快耗尽时，它会做出回到充电位的决策；完整地扫过一个平面后，它还会记忆走过的路径，下次再按同样的路径走，免去了第一次的"碰壁"尝试；尘盒满了它也会感知到，并决策发出声音，提醒主人清理尘盒；换了一个楼面，它会根据在原来畅通的路径上碰到了障碍物的感知，识别这是一个新的场所，于是又按照新场所的初次学习模式开始工作。

人工智能其实就是一种能以人类智能相似的方式做出反应的智能机器。扫地机器人与人在扫地上的流程不尽相同，但同样是模拟了人脑感知、学习、判断、决策的流程，完成了我们的大脑和手脚协同的一系列的工作，而且还比我们扫得干净。

当然，目前的人工智能水平还仅限于弱人工智能，往往只擅长某一个方面的工作，不管是可以扫地的机器人，还是会简单聊天的语音机器人，都属于此列。弱人工智能只能在行为上表现出"具有人类智力"的特点，但它实现功能时，依靠的还是提前编写好的运算程序，只会按部就班地工作。

但我们生活中确实有很多按部就班的事情，比如扫地、做饭、洗衣服、浇花等，都可以交给人工智能解决，从而可以节省我们大量的时间，去做更有价值或更喜欢的事情。

另一方面，还可以把时间管理本身的一部分外包给人工智能。

当我们制订计划时，遵循的也是一套固定的逻辑，比如先按照重要性、同等重要的按紧急程度排序、饭后不安排剧烈运动、劳逸结合、高能时段尽量安排疑难事项等。这样的排程其实也是一种按部就班的工作，在不久的未来，AI还可以根据你对排程结果的反馈做个性化的优化。珍时App就是这样一款人工智能的时间管理软件，即便排一周100多件事情，也仅需要短短的几秒钟。所以，我们完全可以把制订计划这样一个相对机械的工作交给人工智能，把节省出来的时间用于做更需要创意的事情。

我们再说一个AI应用在时间管理上的场景：你要到一个地方去，可以有多种方式，比如开车、坐公交、公交＋共享单车……

这么多种组合哪一种更适合你呢？当你做这个计划的时候，可能这个事情还是在未来，你需要估计未来的时间，所以你的决策流程大致是这样的：打开一个地图软件，输入你的出发地和目的地，选择未来某个时间，得到一个估算的耗时和到达时刻。除此之外，还需要你考虑停车大概需要多长时间，万一碰到交通堵塞可能会堵多久。如果是一个陌生的地方，这个地方到底有没有停车场，或者这个停车场车位是否充足？如果不充足的话，周边有没有停车场？这些情况你都要考虑。

我曾经去参加一个非常重要的讲座，其实我已经预留了半个小时的时间，但是到了那里以后发现没有空的停车位。最后找了整整40分钟，才找到一个别人刚离开的停车位，于是我不出意外地迟到了。如果我事先网上查一下，知道这个地方非常难停车，我可能就选择开车到P+R停车场转公交，或者直接打车过去了。

未来，人工智能技术就能做到模拟上述的所有搜索、计算、决策流程，帮你在所有可以选择的出行方案中，挑出一个最适合你的方案和几个次优方案供你做快速决策。

【锦囊48】充分利用人工智能的快速计算、简单决策能力，将生活中很多无须创意的重复事项外包出去，将更多时间花在需要创意、能在激烈竞争中脱颖而出的工作上。

8.1.3　万物互联，拓宽生命宽度

我们现在大部分应用到人工智能的事情都离不开智能手机。

随着万物互联时代的到来，可能到处都有屏幕，手腕、餐桌、冰箱、镜子、墙上到处都有触摸屏或智能音箱，我们可以随时和人工智能互动，那么在很多场合智能硬件可以取代手机，手机的使用率可能越来越低，甚至彻底消失。

未来你的一天可能是这样的：早上，智能窗帘会根据你设定的时间打开，但如果它从天气预报中了解到今天你上班期间会下雨，那么它会贴心地提前15分钟打开。接下来，智能音箱会给你播放一段渐渐响起的轻音乐，智能灯光会渐渐从暗到亮，把你温柔地唤醒。在你洗漱的时候，智能镜子会检测你的脸色和皮肤状况，刷牙的时候检查你的舌苔，判断你的健康状况，提醒你应该做些什么运动或者补充什么维生素，同时给你一些提高睡眠质量的建议。

为了你能够早点睡，智能音箱会告诉你今天有几件重要的事情，大概会占用多少时间，建议你提早安排。当你在洗漱的时候，你脚下踩的地方又是一个电子秤，它会告知你的体重和一些健康指标，给出你一些具体的建议。

你在上洗手间的时候，智能马桶会给你做一个粪便的检测，对你的身体做一个全面的评测。如果某些指标有异常，会给你一些健康建议，或者将数据传给你的家庭医生或健康管理师。吃完早餐，智能音箱会提醒你当天外出需要带什么东西。

上班前，智能家居会自动帮你找出当天上班通勤需要的时间，然后提醒你留有一定的缓冲时间出门。如果开车，只要你一启动汽车，车载蓝牙和手机蓝牙匹配以后，手机就自动为你播放。如果你坐的是公交，智能手表会根据你的运动状态提醒你播放适当的视频或音频，并且自动与车站的信号联网，在你到站之前告诉你准备下车。

当你走进公司的时候，你的智能水杯检测到你已经在公司附近，就立即启动

烧水程序给你泡上一杯热腾腾的茶或咖啡，让你尽快展开工作。

打开电脑，电脑上已经呈现你一天的工作安排。如果临时有事情插入，系统会给你自动重排计划。

中午，当你工作了一个小时以后，你的智能穿戴式设备检测到你已经好久没动了，就会提醒你做办公室瑜伽或健身操，让你活动一下。智能水杯也会提醒你定时喝水，在接近午饭时，AI会根据你的口味和健康标准给你匹配相应的午餐菜单，你只要确认一下，外卖就会按时送到。

午休时段，当你想休息一下时，AI系统会为你找到午间小憩的冥想音乐，让你午休15~25分钟，以便恢复精力。

下午三四点的时候，你的智能穿戴设备检测到你的血糖水平比较低，建议你去补充一点小甜点、酸奶或咖啡。

下班回家前，你的电脑会自动弹出今天已经完成的事项和剩余事项，并给你自动重排未做的事项，同时根据你的健康状况和口味偏好，自动匹配菜单，你同意后，厨房机器人就开始在家里炒菜，同时空气清新剂、空调在合适的时间启动，等到你回家时空气已经被调到合适的温度，可口的饭菜正在等着你。

你刚回到家，门口的智能摄像头能捕捉你的微表情，察觉你现在是喜悦、疲惫还是烦躁，并为你播放合适的音乐调节情绪。

餐桌上，智能灯光会根据你的心情，匹配好合适的灯光。智能音箱播放美妙的音乐，让你在心情愉快的时候享用美味的晚餐。

智能冰箱发觉菜少了，就会自动给你下单买菜。其他物品，如洗漱用品、点心、零食、水果，AI会自动根据每天用量提前购买。快递员把货品送到你家门口时，门会自动开启一个小口，让快递员把东西放进家里，智能手表则会收到一条货已收到的信息。

晚上，系统又会根据你一天的运动量给出当天的运动提示，还会根据你的学习需求给你建议学习任务，根据你的喜好安排一定的娱乐事项。

图8.1.1　智能模拟高尔夫训练

　　到了快睡觉的时候，全屋的灯光会渐渐暗下来，播放舒缓的音乐，让你慢慢进入想睡觉的状态。最后窗帘会自动关上。如果你比较难以入睡，你的智能枕头里会放出催眠音乐或白噪声，让你尽快进入甜美的梦乡。

　　万物互联，将代替你将工作和生活中的大部分重复、枯燥的事项干完，你就可以把更多时间投入到有创意的工作、自身的能力提升和兴趣爱好上，让自己的生活品质有极大的提升。

【锦囊 49】不要局限于智能手机，尽早接触物联网，体验万物互联给你带来的便利，你将比周围的人在时间管理和生活层次上高出一个台阶。

本节练习：学会使用一个能提升效率的AI工具，比如智能音箱。

8.2

我们的目标是星辰大海

8.2.1　世界缤纷多彩，哪一片是你贡献的？

我在一家世界500强公司担任高管时，曾为公司获得2个亚洲级的金融创新奖，然后陪同老板到新加坡领奖。

那天领完奖后，我的这位美籍巴西裔老板费莫雷（以下简称费总）和我站在著名的新加坡滨海湾金沙酒店（号称当今世上最昂贵的酒店）的空中花园上，俯瞰着新加坡城市的璀璨夜景。

身为一名虔诚基督徒的费总深有感触地说："这么美丽、丰富多彩的世界，一定是上帝设计的。"而我是一个坚定的无神论者，认为我们看到的这一切，一半是大自然的演化，一半是我们人类自己设计、打造的。

这时候，有个念头不由自主地涌上心头：世界缤纷多彩，哪一片是你贡献的？

一个个花园城市的完美规划，是市政府和市政规划师们的贡献；

一辆辆道路上行驶的汽车，是汽车厂家管理人员、工程师和工人的贡献；

一幢幢外观引人注目、结构牢固的建筑物，是建筑师、建筑商和建筑工人们的贡献；

一套套功能齐备、舒适美观的房子，是装修设计师和装修团队的贡献；

各种功能实用、省时省力的智能家居系统，是智能家居设备供应商和集成商的贡献；

我们每天吃的丰富多彩、营养均衡的食物，是农业技术人员和广大农民的贡献；

我们身上穿的不同季节、款式各异的衣服，是服装设计师和服装厂工人的贡献；

我们能方便地获得各种物美价廉的商品，是无数线上、线下商业的企业家和商业从业者的贡献；

而这一切背后的底层科学技术，又是无数科学家的贡献；

而将这些科学家、企业家、政府官员，从一个个只知道吃奶、睡觉和啼哭的婴儿培养成一个个人才，是无数父母、老师们的贡献……

这个时代似乎很美好，几乎每个人都贡献了自己的一份精彩，不论是大是小。

但未来呢？

"全球瞩目的新锐历史学家"尤瓦尔·诺亚·赫拉利在《未来简史：从智人到智神》一书中，提出了"人工智能将造就无用阶级"的惊天结论。他认为，人工智能等技术的进一步发展会使机器在体力和智力上完全超越人类，所带来的后果是造就"一个全新而庞大的阶级：这一群人没有任何经济、政治或艺术价值，对社会的繁荣、力量和荣耀也没有任何贡献"。这就是所谓的"无用阶级"。

原因很简单，资源是有限的，如果人工智能的制造和维护成本比这类人的最低工资还要低得多，而且还做得更好，那么为什么要浪费更多资源去维系他们的工作呢？

未来，这些无用阶级也许只能整日靠药物和电脑游戏打发时间，聊以慰藉。当然，也可能出现另一种情况，就像获得第74届雨果奖的科幻小说《北京折叠》所描述的那样，管理层故意不用更高效的科技手段来做类似清理垃圾之类的低端工作，而是把这些工作留给这些人，让他们维持着起码的生活条件和最后自食其力的尊严。

怎么摆脱成为无用阶级的命运呢？

我们看看另一位智者如何预测未来。世界著名科技杂志《连线》主编、被誉为互联网的预言家——凯文·凯利，在1994年写出了《失控》一书。这本书提前预见了未来20年，也就是移动互联网的今天与商业应用：物联网、云计算、虚拟现实、网络社区、大众智慧、迭代。2016年，他又出版《必然》一书，对未来30年做了预测。

未来30年，就像我们在前一节描述的那样，大部分可以主导生活的重要科技还没有被发明出来，因此面对这些科技，绝大部分人自然会成为一个菜鸟。新技术需要不断地升级，你会一直保持菜鸟的状态；比如，微信从一个单纯的即时通信软件变成了一个涉及生活方方面面的超级应用软件。我们很多人到现在还是不会用微信的很多功能。软件应用不断淘汰的循环正在加速（一个手机应用的平均寿命还不到30天！），在新科技被淘汰前，你不会有足够的时间来掌握任何事情，所以你会一直保持菜鸟的身份。

在未来，我们每个人都会一次又一次地成为全力避免掉队的菜鸟，永无休止。为了跟上时代的脚步，为了不被社会淘汰，你必须不断地学习新的知识和技能。

曾经在微信公众号上赚得盆满钵满的大咖，过了几年就会发现公众号的红利期已经过去，必须学习短视频、直播，才能保持原来的收入规模，或实现新的收入增长。

你也许会感到气恼，难道学一门技术受用终身的时代一去不复返了吗？是的，那个时代真的一去不复返了。

如果学了一门技术，重复地用就能创造价值，这门技术迟早是会被AI取代的，因为它们效率更高。而且与人相比，不用支付AI工资，不用安抚情绪，只要充充电、定期维护一下就可以了。

任何看上去特别具有重复性的、没有意思的、没有什么乐趣可言的事情，都可以让机器完成。

未来不管是在哪个领域，基本上都是人和机器的组合一起工作。与机器的合作表现决定了你的收入，学习新知识、新技能的效率决定了收入。

要获得更多收入，只有从事不重复的、对标准化操作效率要求较低的工作，比如要求创造力的工作。因为创造本身不是重复的，也不是标准化的操作，不讲究效率，不用考虑正确性。

从这个意义上来说，未来的"有用阶级"除了一些必要的维护机器的人类（这些人本身一定要有超快的学习能力，以便能从容应对机器的升级），主要就是具有创造力、能够创新的人。

看到这里，你可能倒吸一口冷气："我太难了！"创新，可不是普通人能做的。我就是个普通人，学习速度也不快，是不是只能沦为无用阶级了？

这倒也不用杞人忧天。经济学家发现，大多数创新都是现有事物的重新组合，或者叫组合创新。这是一个必然的世界发展方向。

进行组合创新时，首先要把它拆解成非常原始的状态，再以另外一种方式进行重组，之后不断循环。智能手机就是把电话和电脑组合在了一起。珍时App其实就是把人做计划和执行的过程拆解成收集、排序、安排、执行、记录、复盘，然后用系统去实现。

目前，珍时App针对收集、排序、安排、执行、记录、复盘进行了自动化处理，极大地高了效率。未来，珍时App会对收集进行自动化处理，比如用AI识别人的自然语言，然后进行安排，就像领导让秘书安排事件一样。以后，和万物互联的AI设备交互，珍时App可能会自动收集你的心跳、BMI指数、血压、血脂等各种指标自动生成有针对性的健身和饮食调整方案，放到你的计划列表中。

未来要避免成为无用阶级，要么成为一个维修机器的人，要么成为一个能与机器合作，为这个缤纷的世界创造更多精彩的人。

8.2.2 如果我用25年做一件事，能做成什么样？

如果大学毕业开始工作，差不多是22岁；如果一路读到博士，毕业时大约28岁。一般经过2~3年的历练，我们应该能找到发展方向，也就是从25岁~30岁，如果这时我们确定要干一件大事，在25~50岁之间，这段时间都是我们的黄金年龄。那这25年我们能做一件什么样的大事呢？

任正非，在倒买倒卖能轻松赚钱的技术市场上，坚持自己做产品，1987年集资21000元人民币创立华为，不断投入，奋力进取。2013年，华为首超爱立信，成为全球第一大电信设备商。

公牛集团创始人阮立平，因为单位里的插座老是坏，于是决心自己开公司，只做用不坏的插座，25年就做这一个小产品，干出了千亿级公司。

1961年春天，身为安江民校教师的袁隆平，面对当时严重的饥荒，立志用农业科学技术击败饥饿威胁，从事水稻增产研究。1980年10月，他终于攻克了制种关，使杂交水稻的研究获得全面成功，为水稻增产开辟了新的途径。

屠呦呦，1955年毕业工作后，一直从事中西药结合研究，1972年成功提取分子式为$C_{15}H_{22}O_5$的无色结晶体，命名为青蒿素，挽救了数百万人的生命。2015年10月因其发现的青蒿素可以有效降低疟疾患者的死亡率，获得诺贝尔生理学或医学奖，成为首获科学类诺贝尔奖的中国人。

25年是个大概的数字，我们如果专注地去做一件事，就很有可能在18~30年内做成一件伟大的事。

这些人当初在做这件事之前，多半并没有想到会有如此突破，能收获到这么多财富或荣誉，但他们的初衷都是做一件对人类有益的事。如果一个人能树立好目标，在某个领域深耕数十年，做出一番成就是大概率的事件。

成功人士的所有行为和精力都紧紧围绕着他们的目标，成功就在于聚焦目标。

所以，成功的关键就是找到人生最重要的目标。

这个目标可以从以下几个思路去找。

孩提时的理想。这往往是最纯真、最没有功利心的向往。硅谷钢铁侠马斯克14岁时阅读了《银河系漫游指南》，之后，就开始梦想登上火星。今天，马斯克不但一度成为全球首富，还创立了宇航公司Space X，造出了成本低廉、可重复使用的火箭，将人类移民火星的梦想从科幻小说变成了可落地的商业项目。

当然，孩提时的梦想可能会受到当时社会主流思潮的影响，未必真正是你自己适合做的。比如我孩提时的梦想是做一个科学家。

后来我了解到做一个科学家需要至少有以下素质。

（1）执着。

科学家可能在做着别人认为荒诞不经的事情，不因世人的反对而放弃，不因频繁的失败而退缩，执着地相信自己，相信真理。早在1821年，英国科学家戴维和法拉第就发明了电弧灯。它虽然能发出亮光，但是光线刺眼，耗电量大，寿命不长，很不实用。因此，爱迪生就暗下决心想要发明一种灯光柔和的电灯，让千家万户都用得上。一次次的试验，一次次的失败，很多专家都认为电灯的前途黯淡。爱迪生面对失败，面对所有人的冷嘲热讽，却没有退却。终于在1879年10月，经历了1600次失败后，爱迪生终于成功制成了以碳化纤维作为灯丝的白炽灯泡。

（2）投入。

科学家为工作甚至愿意奉献一生。终其一生，为了研究一个未必能出成果的问题而一直在苦苦思考着，并需要做大量枯燥乏味的实验和演算，而这些未必能给他们带来财富。比如塞尔维亚裔美籍发明家、物理学家尼古拉·特斯拉一生致力于不断研究，取得约1000项发明专利（包括我们现在广泛使用的交流电），但这并没有使他腰缠万贯，而是长年经济拮据，最后在纽约人旅馆逝世。

（3）兴趣。

科学家最重要的动力就是兴趣，一个一个未揭开的真理就是他们的无穷动力。爱因斯坦从小一直思考，达到光速会看到什么。虽然大多数人小时候也会有探索事物本源的兴趣，但爱因斯坦能把这种兴趣持续终生，从而发明了相对论。

我自认为在执着和兴趣方面都能做到，但要论投入，终其一生研究一个未必能解决的问题，而且可能陷入经济拮据，我一介凡人，还没有达到这种境界。

所以，我更适合做企业，发现一个社会痛点，然后将科技成果商业化解决这个痛点，为社会做出贡献，也得到相应的回报。

我找到的社会痛点是什么呢？

刘慈欣写过一篇中篇科幻小说——《赡养人类》，讲述了一个比我们发展更早的高级智慧文明的发展史，暗示了我们地球文明未来世界可能发生的一种可怕前景：随着技术的发展，超级计算机植入人脑，某些有财力拥有这种最尖端技术的人将形成和普通人完全不同的物种，他们和普通人的差别就和人与宠物的差别那么巨大，以至于他们在各种商业竞争中能轻易获胜，从而迅速地聚拢整个世界的绝大部分财富，最终达成一个贫富分化的终极形态，整个星球只有一个富人和二十亿个穷人。

当然，只有一个富人是艺术的极致夸张，但我们的地球已经出现这样的迹象：富人拥有穷人完全不能拥有的教育、技术资源，差距越拉越大，财富越来越向一小部分人集中。

最新公布的《2022年世界不平等报告》显示，过去20年里，在全球收入最高的10%的人群和收入最低的50%的人群之间，收入差距从8.5倍上升到了31倍，几乎翻了两番。

20年前，全球收入最高阶层成员的收入是最低阶层成员的8.5倍，而据统计，2021年全球成年人的平均收入为23380美元，净资产为102600美元。在全球收入分配中排名前10%的人年收入为122100美元（约81万元），而底层50%的人每年只赚3920美元（约2.6万元），前者的年收入是后者的31倍之多。

研究人员指出，与收入相比，财富不平等更为明显。世界上最富有的10%的人拥有全球75%的财富，其中约2750名亿万富翁拥有全球3.5%的财富，高于

1995年的1%，而底层50%的人口所占财富仅为2%。

与此同时，随着人类医疗、健康管理水平的发展，人类的寿命以每4年增加1岁的速度递增。

如果你现在20岁的话，那么你的寿命有50%的可能性会超过100岁。如果你今年40岁的话，那么50%以上的概率，你的寿命会超过95岁。假如你今年60岁，那么50%以上的概率你也会超过90岁。

人口的日益老龄化带来了个人养老金的不足。除了社会保险的能满足你的基本生活需求，要维持退休前的生活水平，很多人已经捉襟见肘了。即便是像日本之类的发达国家，还有很多老年人在开出租车、在餐厅打工贴补家用。

底层50%的人收入本来已经很少了，雪上加霜的是，随着技术的演进，大部分底层的、简单可重复的工作都可以由机器高效完成。

以前，学会驾驶，就可以终生从事司机这个职业。随着自动驾驶技术的不断成熟，越来越多的司机岗位终将消失，这些人必须要学习新的技能以便找到新的工作。

普通大众如果不学习新的技能，就很可能沦为连自己的时间都没法出卖的"无用阶级"，只能被赡养。本来"赡养"这个词是针对已经退休的无法工作的老人，但如果"无用阶级"成为人类的一大部分，那么占地球这一大部分人口的"无用阶级"就需要被赡养了。

找到了问题的症结，也就找到了解决方案，那就是让技术成就做到全民普惠，特别是推动智力、知识进步的技术，让低阶层的人拥有和高阶层的人同样的智力和能力进化的机会。当一些工作岗位被机器取代时，可以不断地快速学习新的技能、创新能力，让每个人都能用创新智慧为人类整体的技术进步贡献自己的力量，到广袤的宇宙中拓展人类的生存空间。这样，每个人的智慧和时间在浩瀚无垠的宇宙中就都有了能创造财富的用武之地，也就摆脱了不得不被"赡养"的命运。

公共事业和互联网已经使大多数人在技术成就的使用上渐渐趋于平等，当人类的智力、能力、可使用的技术大致相当时，时间管理又将成为每个人的成就和幸福程度最重要的因素，每个人都需要终生学习，才能适应社会的快速升级。那么，高效做完本职工作，腾出大量时间来学习未来的立身之本，将成为普通人能不沦为被赡养一族，能过上体面生活的刚需。

所以我的25年目标就是让全球10亿或更多的人能够用时间管理来轻松驾驭自己的生命，至少不被社会淘汰，其中的佼佼者可以实现阶层跨越，成为能对社会做出卓越贡献的人。

当然，10亿只是一个虚数，代表一个宏大的目标，并不是一个经过严格测算的目标。就像樊登读书会"帮助3亿国人改变阅读习惯"那样，有激励性，有气魄。

树立远大目标后，先不急着开始做，要对自己突破的领域进行研究，把该领域的书籍、论文进行主题阅读，了解该领域的最新动向，以免做无用功。

曾经有位物理学家为了研究一个物理规律，花了多年心血，研究出来一套理论，但最终发现这套理论早就被发明了。

当然，未来需要的创造性工作并非一定要像科学家那样发明一些旷世理论，而完全可以是组合创新，将两个以上的成熟产品组合起来，一样能做出符合社会需求的独特产品。就像按摩椅是由椅子和按摩设备组合而成的，房车是房子和汽车的组合体，炒菜机器人是由电饭煲与锅铲组合而成，测温枪是由红外仪和温度计组合而成……

所以，当我们确定了一个25年的目标后，并不是要分解成5个5年目标，因为很少有人能预测5年以后的技术发展、社会变化，那时可能早已是物是人非，你的计划基本没用。要做的是定下最近1年8大维度的目标：

（1）事业。

对于目标强相关事项，一天最少规划4个小时。对于我而言，并非公司的每件事都是与目标强相关，包括人员管理、财务管理、高新企业申报、谈判、审批等各种琐事，但我需要在计划中至少花4小时，用来规划做出"N倍好用的极简时间管理产品"强相关的工作，包括数据分析、客户调研、产品设计、研发管理、迭代管理等。

（2）学习。

通过主题阅读，熟悉自己希望获得领域的已有知识、技术和目前痛点，找到自己的突破方向。我在1年时间内阅读了时间管理方面的经典书籍，找到了目前时间管理方案的普遍痛点：门槛太高，难以应对日新月异的变化。所以，我的突破方向就是做出基于智能技术、N倍好用的极简时间管理产品。

（3）人脉。

现代社会要做大事，单打独斗几无可能。所以，从现在开始要多多结交自己要突破领域的领军人物、专家和可以与自己合作的各界人士。比如，我的计划是每月深度结交一位事业上的朋友。

（4）理财。

创新、创造一般都要前期投入，一定要管理好自己的财务，让闲钱足以支持试错。对我现在而言，目标是让自己的理财收入能支持自己的多次试错投入。

（5）健身。

对于要持续25年的事情，一个强健的身体必不可少。从现在起就一定要每天保证0.5~1小时的锻炼，还有助于提升精力和意志力。

（6）心灵。

学习新知识、创新都需要训练专注能力，每天至少要做10分钟冥想练习。

（7）家庭。

事业的成功离不开家庭的和谐，每天20分钟的家庭成员高质量沟通必须安排到日程上。

（8）休闲。

适当的休闲时间不但能使你恢复精力，还能让潜意识帮助萌发创意。每天半小时的休闲娱乐时间也是应该保证的。

据统计，大部分人在临终前最后悔的就是没有做自己最想做的事。如果我们从现在起确定一个宏大的目标，并从针对目标的小事做起，发起人生中一个个短跑、冲刺，享受成功的喜悦，那么你完全可以在此生一展抱负，实现快意人生。

8.2.3 给时光以生命，更要给生命以时光

公元前600年前后，释迦牟尼目睹人类不论富贵还是贫穷，全都要经历"生、老、病、死"之苦，于是立志为众生寻求解脱之道，从而创立了佛教，教诲众生放下欲望，追求内心的幸福。

假如释迦牟尼生活在今天，看到我们当今的技术，他是否会重新思考人类的痛苦？这个时代的科技可能会重新定义人类。

我们这个时代已经开始了对人类历史上千古不变的"生、老、病、死"无解问题，纳入了技术的解决范畴，并且已经出现希望的曙光。

生物技术中的基因编辑，早已向改造物种、设计新物种的方向狂奔。科学家已发现人类寿命的长短，取决于一种名为端粒的物质，就是位于细胞染色体末端的一小段DNA，它的作用就是保证细胞染色体的完整。只是每当细胞分裂一次，染色体终端的端粒就会消失一部分，等到它无法再缩短的时候，细胞就会停止分裂，这个时候生命也就走到尽头了。

龙虾拥有一种叫作端粒酶的物质，活性较高，让龙虾的衰老速度非常缓慢，也让科学家看到了永生的可能性。

不过迄今为止，人类还没有找到活了200多年的龙虾。龙虾除了被我们人类大量捕食，海洋里也有大量天敌。蜕壳时的龙虾，在面对危险的时候，抵抗能力

几乎为0。对于处于地球食物链顶端的人类，除了概率很小的意外死亡，如果各种疾病也被人类征服，那么未来地球上必定处于人满为患的状态，地球资源枯竭也是迟早的事。

美国科幻影片《复仇者联盟3》中，有一个叫"灭霸"的超能力者想出的解决方案是随机灭掉一半人口。但实际上，这是一种幼稚的想法。剩下的一半人口再繁衍出来另一半也只需要52年。

即便人类为了生存真的每52年消灭一半人口，我们也不可能在地球上永远待下去。科学家发现，太阳的亮度是在不断增加的，每10亿年大约增加10%，在未来的10亿年里，太阳的亮度又会增加10%左右。那时候的地球就会变得太热而不适合生命生存了。即便我们能再多熬几个十亿年，到了50亿年后，太阳变成红巨星，膨胀到地球轨道附近，地球早被烤焦了。

促使我们必须离开太阳系的不仅是太阳的变化，还有外星文明的威胁。人类文明从出现到现在不过7000年时间，已经有这么大的科技成就。宇宙已经诞生137亿年，完全可能出现比我们早进化的高级智慧生命，也就是我们俗称的"外星人"，他们已经具有了星际航行的能力。如果他们找到了地球，而且怀有恶意，那地球人可能轻则被奴役，重则被灭族。所以人类文明能够延续的最佳路径是在宇宙中找到更多的宜居星球，把人类的火种撒到宇宙的各个角落。

根据天文学家测算，仅我们所在的银河系，就有多达4000亿颗恒星，其中7%是类太阳恒星，每颗类太阳恒星约有0.18个类地球的行星，这意味着在银河系中可能有50亿颗恒星拥有类地行星。而我们所观察到的宇宙至少有1500亿个像银河系这样的星系，这还不是宇宙的总体。与此同时宇宙本身还在不断膨胀……

我们的目标是星辰大海，不仅仅是探索宜居星球，更多的是建设，将一个个荒芜的行星建设成一个个新的人类社会。

我们在之前的章节讲道：人的幸福感来源于挑战自身能力极限的心流活动。

如果这种挑战能持续升级，不断带来更多的幸福感，为什么不活得久一点呢？而且，你再有成就，总有一些你自己曾经想做而没做成的。我们每花25年做一件大事，不是很有趣吗？或者说，你前25年干砸了，接下来25年再来一次，不行再来一次，你总不可能永远学不到东西，永远点背吧？

设想一下，只要活得够久，而且保持健康，你总有一天有机会去一个新的星球，去参与建设一个新的人类文明。也许你可以和一群志同道合的人，尝试一种全新的社会体系。即便失败了，还可以带着以往的成败经验和人类社会璀璨的文明积累，迁居到另一个星球，重新开始。这像是在玩一个生命力不断迭代的无限游戏。

法国数学家、物理学家、哲学家、散文家布莱士·帕斯卡（Blaise Pascal）曾说过一句至理名言：给时光以生命，而不是给生命以时光。它的意思是：让蓬勃的生命力贯穿你所经历的时光，让生活的每一秒都充实无比，而不是让生命随着时光消逝而消逝。

在技术已经有指望能突破"生、老、病、死"的当代，我们可以把这句话改为："给时光以生命，更要给生命以时光。"既要让生活的每一秒都充实无比，也要让健康的生命不断地延长。

以前，我们经常慨叹"生不逢时"。再有能耐的人，出生在一个人类社会发展的低谷期，也很难有所作为，甚至会像伽利略那样受到迫害。如果我们可以穿越一个个社会发展的低谷和高潮期，就可以在低谷期潜心修炼，在高潮期一展才华，实现阶段性的抱负，并亲眼看到人类社会螺旋式地向更美、更好的方向发展，而自己也在这璀璨的世界中，做出越来越多的贡献，收获越来越高级的幸福感。

你终将成为宇宙中一颗耀眼的明星！

本节练习：做一个自己未来人生的25年计划

做时间的恋人

在写这本书之前，我给这本书定了两个目标：

第一，要成为现代人时间管理的教科书；第二，要成为一本长销书，也就是在10年、20年以后，依然畅销。

作为一本教科书，不仅理论要扎实，而且要让读者能够相对容易的真正学会。要达到最好的教学效果就是帮助读者知行合一，把知识用到自己的工作、生活中。而这里，我采用了一个非常简单易用的教具——珍时App。人们只需要花很少的时间就能达到很好的效果，从而解开了"欲练神功，必先自宫；即便自宫，未必成功"的两难困境。

借助工具，不论订目标、计划、记录日志、复盘，你都可以花很少的时间，将那些烦琐的事情交给智能手机或电脑，让它们做烦琐的排程、统计、数据展现工作。

此外我还安排了大量的练习和模板，让时间管理的践行只需按图索骥，帮助使用者借用他人的经验做得更好。

所以我很有信心，这本书可以作为一个普通人时间管理的教科书。

而作为一本长销书，确实有点难。这个时代变化太快，一定要找到一些长期不变的道理。

我们一直在说的"时间"到底是什么？

根据百度百科的定义：时间是物质的永恒运动、变化的持续性、顺序性的表现。

比如白天和黑夜的周而复始、月亮的阴晴圆缺、季节的春夏秋冬，都是人类认知时间的基础。现代宇宙学理论认为，宇宙大爆炸"之前"没有时间可言。此前宇宙就是一个点，没有什么运动、变化，至少没有我们人类现在能认知的运动、变化。

如果你现在啥都不做，是不是时间就静止了呢？并不是。周围的世界都在动，日夜照常更替、社会照常进步，即便是你自身，心脏依然在跳动，直到跳到8亿次以后停止，你的细胞依然在分裂，直到端粒短到不能再分裂为止。

所以，时间的本质就是变化。

要对这种变化进行认知，古人用光阴——阳光下的阴影长度来度量它的流逝，现代人用更精确的钟表去度量它的长短，电脑则用一串数字来记录它。

记录的目的是什么？其实还是让我们的生活过得更好。原始人看到天色已晚，就知道赶紧回到山洞，以免遇到夜视能力远高于人类的野兽的袭击；农民知道春夏秋冬各个时令，就能适时地播种、收获。现代人知道自己的身体随着时间不同自动进行的机能调整，就能更合理地安排自己的作息时间，让效率提高。项目经理知道项目成员做每个任务的耗时和他们的时间安排，就能做出合理的项目计划，从而完成我们能看到的一个个项目成果：一幢房子、一座桥、一架飞机、一个软件……从而获得幸福感。

时间是非常有价值的。

对于时间的价值，有人把时间比作金钱，"一寸光阴一寸金，寸金难买寸光阴"，强调它的珍贵和永远向前，一去不返的特征；有人把时间比作朋友，强调相处得越长久，收获就越大；还有人非常创意地把时间比作花园，我们在这里种植了什么，就会得到各种不同的果实和鲜花。

而我觉得：不论是把时间比作金钱、朋友还是花园，都不足以体现我对时间价值的认知：金钱、朋友、花园，说到底还是可以疏远之物。

所以，我把时间比作生命中能给我带来强烈幸福感的存在：恋人。

对于恋人，你深爱着TA，TA也会给你带来知识、才能、友谊、孩子、财富、心灵自由和幸福。你对TA不重视，甚至像个渣男渣女一样对待TA，那TA给你带来的就是无知、低能、贫穷、懊悔、寂寞、空虚和痛苦。

为了幸福，每个人都需要和时间认真谈一场一生的恋爱。

那么，怎么谈这场恋爱呢？

要约会，送礼物。对于时间恋人，礼物就是好习惯，比如每天看书1小时、每天运动30分钟、每天理财10分钟、每天刻意练习2小时。

给予承诺——让TA一生有保证。对于时间恋人，要做好一生的梦想规划。比如对世界做出自身能力所及的最大贡献、终身学习，从而成为某领域的专家、实现财务自由、健康地活到120岁。

多做美好的事。优先做有意义、有价值、能让自己有幸福感的事。

营造高潮体验，用GTD法记录所有事务，专注当下，形成心流体验。

全方位地呵护，从事业、健康、人脉、理财、心灵、学习、娱乐、家庭8大维度全方位地认真做事。

留下幸福的后代，留下一些美好的东西，比如著作、金句、让生活更美好的技术、令人尊敬的企业……

爱一个人不需要理由，但爱情是需要经营、需要呵护的。学会时间管理，就是学会了与时间这个与你一生相伴的恋人的恋爱技巧，让一生更多地沉浸在幸福的海洋中。